Ihre Arbeitshilfen zum Download:

Die folgenden Arbeitshilfen stehen für Sie zum Download bereit:

Vertragsmuster:
– Freier Mitarbeitervertrag
– Werkvertrag
– Befristeter Arbeitsvertrag

Textbausteine für Arbeitszeugnisse:
– Leistungsbeurteilung
– Führungs- und Verhaltensbeurteilung
– Schlussformulierung

Checklisten:
– Aufgaben- und Stellenbeschreibung
– Vertragsgestaltung
– Einarbeitung des Mitarbeiters
– Beendigung der Zusammenarbeit

Den Link sowie Ihren Zugangscode finden Sie am Buchende.

Mitarbeiter ohne Festanstellung

Stephan Wilcken/Moritz Rothe

Mitarbeiter ohne Festanstellung

Mit der richtigen Beschäftigungsform unternehmerische Risiken minimieren

2. Auflage

Haufe Group
Freiburg · München · Stuttgart

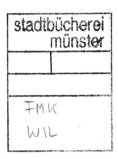
Bibliografische Information der Deutschen Nationalbibliothek

Die Deutsche Nationalbibliothek verzeichnet diese Publikation in der Deutschen Nationalbibliografie; detaillierte bibliografische Daten sind im Internet über http://dnb.dnb.de abrufbar.

Print: ISBN 978-3-648-11689-0   Bestell-Nr. 04323-0002
ePub: ISBN 978-3-648-11695-1   Bestell-Nr. 04323-0100
ePDF: ISBN 978-3-648-11696-8   Bestell-Nr. 04323-0150

Stephan Wilcken/Moritz Rothe
Mitarbeiter ohne Festanstellung
2. Auflage 2018

© 2018 Haufe-Lexware GmbH & Co. KG, Freiburg
www.haufe.de
info@haufe.de
Produktmanagement: Bernhard Landkammer

Lektorat: Ulrich Leinz
Satz: Reemers Publishing Services GmbH, Krefeld
Umschlag: RED GmbH, Krailling

Inhaltsverzeichnis

So arbeiten Sie mit diesem Buch

1. Schritt: Wie Sie den richtigen Mitarbeiter finden

Damit Sie den richtigen Mitarbeiter oder die richtige Mitarbeiterin finden, müssen Sie zuerst wissen, was für einen Mitarbeiter Sie suchen. Sie prüfen, ob Sie einen hoch qualifizierten Mitarbeiter benötigen oder nur Hilfsdienste zu erbringen sind. Sie stellen die Frage, ob Tätigkeiten übernommen werden müssen, die nicht zu Ihren Kernkompetenzen gehören, z.B. die Erledigung von Büroarbeiten oder die Reinigung der Büro- oder Verkaufsräume. Auch Transportaufgaben können dazu gehören oder die einmalige Entwicklung eines Projekts, das mit Ihren Kerntätigkeiten nicht in direktem Zusammenhang steht.

Kapitel 1 bietet Ihnen ein Fragenraster, mit dem Sie Ihre Anforderungen klären und ein genaues Anforderungsprofil erstellen können. Darüber hinaus finden Sie dort Tipps zu Stellenmärkten und Dienstleistern sowie viele praktische Checklisten.

2. Schritt: Wie Sie den Vertrag richtig gestalten

Die Vertragsgestaltung richtet sich danach, ob Sie einen freien Mitarbeiter, einen Zeitarbeitnehmer, einen Werkvertragsnehmer oder einen befristet beschäftigten Arbeitnehmer suchen. Aber auch wenn Sie einen Praktikanten oder Diplomanden beschäftigen wollen, sollten Sie eine schriftliche Vereinbarung treffen.

In Kapitel 2 werden die einzelnen Vertragstypen mit ihren Vor- und Nachteilen vorgestellt. Sie erfahren, worauf Sie jeweils besonders achten müssen, um rechtliche und finanzielle Risiken zu minimieren. Im abschließenden Kapitel 11 finden Sie Vertragsmuster zu allen im Buch besprochenen Vertragsformen. Diese Musterverträge stehen für Sie ebenso bei den Arbeitshilfen online bereit.

3. Schritt: Wie Sie den Arbeitseinsatz richtig kalkulieren

Nun kalkulieren Sie den Arbeitseinsatz, um festzustellen, welchen Preis, welches Honorar Ihnen die Tätigkeit wert ist oder wert sein muss. Jeder Vertragstyp erfordert eine andere Kostenkalkulation. Wenn Sie die unterschiedlichen Kalkulationen vergleichen, entscheiden Sie gegebenenfalls noch einmal neu, welcher Vertragstyp für Sie der richtige ist.

In Kapitel 5 stellen wir Ihnen die jeweiligen Kalkulationsgrundlagen vor, anhand derer Sie Ihre Berechnungen vornehmen. In jedem Vertragstyp wird die Vergütung anders geregelt. Während der freie Mitarbeiter ein festes Honorar bekommt, müssen Sie z.B. für einen befristet beschäftigten Arbeitnehmer hohe Lohnnebenkosten berücksichtigen. Die Kalkulation der entstehenden Kosten führt möglicherweise dazu, dass Sie den Vertrag anders gestalten oder einen anderen Vertragstyp wählen wollen.

Bei den Arbeitshilfen online finden Sie ein Kalkulationsprogramm für die Kostenberechnung.

4. Schritt: Wie Sie den Mitarbeiter richtig einarbeiten

Wenn Sie den richtigen Mitarbeiter gefunden haben, bereiten Sie seinen Arbeitsplatz vor und informieren die Beschäftigten Ihres Hauses über den neuen Mitarbeiter. In Kapitel 7 finden Sie zu diesen Tätigkeiten viele praktische Hinweise und Checklisten. Wenn in Ihrem Hause ein Betriebsrat besteht, ist dieser anzuhören und dessen Zustimmung einzuholen, §99 BetrVG, wenn der Mitarbeiter als »eigener« Beschäftigter oder als Zeitarbeitnehmer eingestellt werden soll.

Anschließend werden Sie den neuen Mitarbeiter in seine Tätigkeit einarbeiten. Sie geben ihm alle notwendigen Informationen, die für die Vertragserfüllung notwendig sind. Sie erklären dem Mitarbeiter auch, welche Beschäftigten aus Ihrem Unternehmen für welche Bereiche zuständig sind. Wenn der Mitarbeiter Ihnen auch disziplinarisch unterstellt ist, müssen Sie ihm mitteilen, welcher Vorgesetzte welche Befugnisse hat.

Darüber hinaus belehren Sie den neuen Mitarbeiter über gegebenenfalls einzuhaltende Sicherheitsmaßnahmen, Richtlinien zur Unfallverhütung, einen bestehenden Verhaltenskodex und Ähnliches.

In Kapitel 8 finden Sie viele Informationen zu diesen Tätigkeiten sowie praktische Umsetzungshilfen und Checklisten.

5. Schritt: Wie Sie das Vertragsverhältnis richtig beenden

Wenn die Tätigkeit beendet und der Auftrag erledigt ist, endet auch das Vertragsverhältnis. Zunächst werden Sie prüfen müssen, wie das Vertragsverhältnis rechtlich korrekt zu beenden ist. Möglicherweise läuft es automatisch aus, ohne dass Sie etwas unternehmen müssen. Es kann aber auch sein, dass Sie das Vertragsverhältnis (vorzeitig) kündigen wollen. Je nach Vertragstyp müssen Sie dabei auf unterschiedliche Punkte achten. Wie die Beendigung des Vertragsverhältnisses richtig und vollständig vorgenommen wird, lesen Sie in Kapitel 9.

Wenn das Arbeitsverhältnis zu Ende geht, findet in der Regel ein Abschlussgespräch statt. Möglicherweise möchten Sie dem Mitarbeiter eine Arbeitsbescheinigung oder ein Arbeitszeugnis ausstellen. In Kapitel 10 erfahren Sie, welche Bestandteile zu einem aussagekräftigen Arbeitszeugnis gehören und wie Sie ein Zeugnis oder eine Arbeitsbescheinigung ausstellen.

Darüber hinaus finden Sie in Kapitel 10.3 Textbausteine, mit denen Sie schnell ein rechtssicheres Arbeitszeugnis erstellen können.

1   Den richtigen Mitarbeiter finden

In diesem Kapitel erhalten Sie eine Anleitung, wie Sie einen passenden Mitarbeiter für Ihr Unternehmen finden, ohne sich durch eine Festanstellung dauerhaft an ihn zu binden. Anhand eines Fragerasters klären Sie Ihre Anforderungen und erstellen ein Suchprofil. Darüber hinaus finden Sie in diesem Kapitel viele Informationen und Tipps, welche Vertragsform für welche Tätigkeit geeignet ist.

So wählen Sie den passenden Mitarbeiter aus

Bei der Auswahl des richtigen Mitarbeiters stellen Sie sich zunächst die folgenden Fragen:

- Welche Tätigkeiten müssen erbracht werden?
- Welche Qualifikationen sind notwendig, um diese Arbeiten auszuführen?
- Bis wann müssen die Arbeiten ausgeführt werden?
- In welchem Zeitraum müssen die Arbeiten erbracht werden?
- Wie sind die Arbeiten in Ihren Betrieb, in eine bestimmte Abteilung eingebunden?
- Wann und in welcher Form soll das Vertragsverhältnis enden?

Wenn Sie diese Prüfung vorgenommen haben, werden Sie im Regelfall schnell entscheiden können, welche Vertragsart für eine Mitarbeit ohne Festanstellung die richtige ist. Gegebenenfalls haben Sie mehrere Möglichkeiten, unter denen Sie auswählen können.

Wann ist es sinnvoll, die Position intern zu besetzen?

Zunächst werden Sie prüfen, ob Sie die Position aus dem eigenen Hause besetzen können. Die Möglichkeit der internen Besetzung wird aus mindestens drei Gründen in Betracht zu ziehen sein.

Besondere Qualifikationen erforderlich

Die interne Besetzung werden Sie zum einen dann vornehmen müssen, wenn die Aufgabe derart komplex ist und derart hohe oder besondere Qualifikationen erfordert, dass Sie nicht damit rechnen können, dass eine geeignete Person sich von außen bei Ihnen bewerben könnte. Vielleicht haben Sie auch schon den Versuch unternommen, die Stelle extern zu besetzen, aber einen geeigneten Bewerber nicht gefunden.

Sie suchen zum Beispiel einen Konstruktionsmechaniker. Die Agentur für Arbeit kann Ihnen ebenso wenig einen geeigneten Bewerber vermitteln wie der von Ihnen eingeschaltete Personalberater.

Umgang mit vertraulichen Daten

Vielleicht muss bei der Erfüllung der Aufgabe aber auch mit vielen vertraulichen Daten Ihres Hauses umgegangen werden, so dass Sie keine externe Person einschalten wollen. Wenn Sie beispielsweise für die Entwicklung eines neuen Produkts einen Entwicklungsingenieur suchen, werden Sie versuchen, diese Position intern zu besetzen, damit das vorhandene Know-how nicht an externe Stellen oder sogar an den Wettbewerb geht.

Interne Stellenausschreibung

Des Weiteren werden Sie die Aufgaben intern verteilen, um dem eigenen Personal Qualifizierungs- und Entwicklungschancen zu geben.

Wenn Sie einen hervorragenden Facharbeiter haben, der sich auch auf die interne Stellenausschreibung als Vorarbeiter beworben hat, wollen Sie ihm vielleicht die Chance auf die neue Position geben, um ihn zu fördern und zu motivieren.

Wenn Sie einen bei Ihnen beschäftigten Arbeitnehmer mit der neuen Tätigkeit betrauen, wird dessen bisheriger Arbeitsplatz frei. Hier müssen Sie dann entscheiden, ob und gegebenenfalls wie seine Position neu besetzt werden soll. Dann aber werden Sie die gleiche Vorgehensweise wählen, um die ehemaligen Arbeitsaufgaben des nun versetzten Mitarbeiters neu zu vergeben. Sie werden hier gegebenenfalls eine Ersatzeinstellung vornehmen und prüfen, welche Art von Mitarbeiter mit welchem Vertragstyp Sie am besten beschäftigen werden.

1.1   Welche Arbeiten sind zu verrichten?

Detaillierte Aufgabenbeschreibung

Zunächst richtet sich die Ermittlung des Personalbedarfs nach der Frage, welche konkreten Aufgaben erledigt werden müssen. Hier geben Sie eine detaillierte Beschreibung der Tätigkeiten. Dabei ist es wichtig, dass Sie auch feststellen,

- ob es Tätigkeiten sind, die regelmäßig anfallen,
- ob Sie die Arbeiten in Ihren Arbeitsablauf integrieren wollen oder müssen,
- ob die Arbeit es erforderlich macht, dass Sie ein fachliches Direktionsrecht ausüben müssen, also dem Mitarbeiter erläutern, wie er welche Arbeitsschritte zu erbringen hat,
- ob die Arbeiten es erforderlich machen, dass Sie ein disziplinarisches Direktionsrecht ausüben, dem Mitarbeiter Verhaltensanweisungen geben, etwa bezüglich der Arbeitszeit, des Urlaubs, der Pausenlage,

- ob die zu erbringenden Aufgaben in sich abgeschlossen sind,
- ob es sich vielleicht sogar um ein abgeschlossenes einmaliges Projekt handelt, das sich nach seinem Ende voraussichtlich nicht wiederholen wird,
- ob es Tätigkeiten sind, die in Ihrem Unternehmen nicht regelmäßig, sondern nur ausnahmsweise oder einmalig anfallen,
- ob es sich um Hilfs- oder Zuarbeiten, beispielsweise Beratungsdienstleistungen handelt, die mit Ihrem Unternehmenszweck selbst in keinem Zusammenhang stehen,
- ob es sich um Aufgaben handelt, die einer Entwicklung, einer Forschung bedürfen,
- ob die Arbeiten in Ihrem Betrieb erbracht werden müssen, sie also arbeitsplatz- und betriebsbezogen sind.

Wichtig ist auch, dass Sie prüfen,
- wie der Mitarbeiter in Ihr Unternehmen eingebunden werden soll,
- wo er seine Arbeitsleistung erbringen wird und
- in welchem Umfang ein zwischenzeitlicher Kontakt mit Ihrem Hause erfolgen wird oder erfolgen muss.

Orientieren Sie Ihre Aufgabenbeschreibung inhaltlich an einer Stellenbeschreibung und ergänzen Sie diese um die oben genannten Kriterien. Lassen Sie die Aufgabenbeschreibung von einem Kollegen aus der Fachabteilung gegenlesen und prüfen. So entscheiden Sie sich für die richtige Vertragsform.

Wann stellen Sie einen freien Mitarbeiter ein?

Typischerweise werden Sie einen freien Mitarbeiter einstellen, wenn Sie Arbeitsaufgaben erledigen lassen wollen, die in sich abgeschlossen sind und bei denen es sich nicht um die originären Aufgaben Ihres Unternehmens handelt.

Der freie Mitarbeiter kann dann auch für andere Auftraggeber arbeiten. Er ist nicht von Ihnen allein wirtschaftlich abhängig und sollte dies auch nicht sein.

Die Aufgabe lässt sich eigenständig bearbeiten. Ihnen kommt es nur auf den Zeitpunkt an, zu dem sie fertig gestellt sein soll. Die Zwischenzeit ist für Sie nicht relevant, auch nicht irgendwelche Zwischenschritte. Allein entscheidend für Sie ist, dass die Aufgabe zu einem bestimmten Zeitpunkt abgeschlossen und erledigt ist. Die Aufgabe muss nicht zwingend in Ihrem Unternehmen durchgeführt werden. Es bestehen weder räumliche noch personelle Zwänge bei der Wahl des Arbeitsplatzes.

Geht es vielleicht auch um Beratungsarbeiten im weitesten Sinne, dann können Sie ebenfalls einen freien Mitarbeiter einstellen. Freie Mitarbeiter werden beispielsweise eingesetzt bei der Beratung über ein neues EDV-System, dessen Installierung und Inbetriebnahme. Auch die Betreuung solcher Systeme ist oftmals in der Hand freier Mitarbeiter. Wenn der Betrieb ablauftechnisch oder auch gesellschaftsrechtlich umstrukturiert werden soll, kommt – neben den so genannten Beraterverträgen – auch der Einsatz freier Mitarbeiter in Betracht.

Auch die Durchführung einer Marktanalyse wird oftmals durch freie Mitarbeiter durchgeführt.

Immer dann, wenn die Tätigkeiten nicht zur Kernkompetenz Ihres Hauses gehören, sondern eher »Zuarbeiten« sind, kommt der Einsatz von freien Mitarbeitern in Betracht.

Wenn Aufgaben erledigt werden müssen, die nicht an einen festen Arbeitsplatz gebunden sind und bei denen es nicht auf einen exakt definierten Zeitraum der Durchführung der Aufgaben, sondern nur auf einen festgelegten Abgabezeitpunkt ankommt, dann kommt ebenfalls der Abschluss eines Vertrags mit einem freien Mitarbeiter in Betracht.

Wann stellen Sie einen Zeitarbeitnehmer ein? Ausübung des Direktionsrechts
Sie stellen einen Zeitarbeitnehmer ein, wenn es sich um Aufgaben handelt, die in Ihren Betrieb eingebunden sind und bei denen Sie das fachliche Direktionsrecht ausüben müssen, also konkrete Anweisungen an den Mitarbeiter geben.

Die Zusammenarbeit mit einem Zeitarbeitnehmer ist insbesondere auch ein geeignetes Instrument, um das Fehlen eigener Beschäftigter zu überbrücken. Dies kann beispielsweise dann der Fall sein, wenn ein fest angestellter Arbeitnehmer kurzfristig z.B. wegen Arbeitsunfähigkeit oder Urlaub ausfällt, seine Arbeitsaufgaben aber dennoch zur Vermeidung von Ablaufstörungen oder Verzögerungen bei der Auslieferung der Produkte unbedingt auch in der Fehlzeit erbracht werden müssen.

Auch dann, wenn auf dem Arbeitsmarkt entsprechendes Fachpersonal nicht zu bekommen ist, ergibt sich oftmals die Möglichkeit, über Zeitarbeitsunternehmen freie Arbeitsplätze zu besetzen. Benötigen Sie etwa einen Schweißer, es meldet sich aber weder über Stellenanzeigen oder die Agentur für Arbeit eine entsprechende Fachkraft, kann ein Zeitarbeitsunternehmen gegebenenfalls weiterhelfen. Dies gilt vor allem dann, wenn die Besetzung des Arbeitsplatzes sehr kurzfristig erfolgen muss.

Wann schließen Sie einen Werkvertrag ab?

Wenn die Arbeiten in sich abgeschlossen sind und es Ihnen allein darauf ankommt, dass zum Abschluss ein überprüfbares Endergebnis vorliegt, dann schließen Sie einen Werkvertrag ab.

Wenn es sich um Arbeiten handelt, die mit Ihrem Unternehmenszweck nicht in direktem Zusammenhang stehen, werden Sie auch einen Werkvertrag abschließen können. Dies gilt beispielsweise für die Erstellung eines neuen Werbeprospektes für die Produkte des Unternehmens, die Organisation und Durchführung einer Jubiläumsveranstaltung, die Umgestaltung der Kantinenräume oder ähnliches.

Sie werden einen Werkvertrag auch abschließen, wenn Sie mit der Durchführung der Arbeitsaufgabe nichts zu tun haben wollen, sei es aus wirtschaftlichen oder aber aus fachlichen Gründen. Wenn ein Lieferant Teile für die Produkte des Unternehmens günstiger, aber auch in der notwendigen Qualität herstellen kann, werden diese Teilaufgaben mittels Werkverträgen fremd vergeben.

Wann stellen Sie einen Praktikanten ein? Praktikum als Probearbeitsverhältnis

Auch Diplomanden oder Praktikanten können Ihnen eine bestimmte Art von Dienstleistung erbringen.

Wenn Sie beispielsweise einen Ausbildungsplatz vergeben wollen, kann es sinnvoll sein, einen Bewerber, der aufgrund seiner schriftlichen Bewerbungsunterlagen geeignet erscheint, im Rahmen eines Praktikums zu testen. Ist er von seinen Anlagen und Fähigkeiten her geeignet, kann ihm der Ausbildungsplatz mit dem Ziel des erfolgreichen Abschlusses der Ausbildung angeboten werden. Insbesondere aber auch in den Fällen, in denen die Eignung von Bewerbern auf einen Ausbildungsplatz nicht von vornherein erkennbar ist, kann durch ein vorgeschaltetes Praktikum – für beide Seiten – getestet werden, ob der Kandidat geeignet ist, die Ausbildung bei Ihnen zu absolvieren. Umgekehrt kann der Bewerber feststellen, ob der angestrebte Beruf vom Ansatz her ihm zusagt.

Wenn Sie testen wollen, ob Ihr Betrieb bzw. die entsprechende Abteilung überhaupt in der Lage ist, eine Ausbildung zu gewährleisten, dann schließen Sie aus Erprobungsgründen zunächst einmal einen Praktikantenvertrag ab.

Wenn die Aus- oder Fortbildung im Vordergrund steht und nicht die Arbeitsleistung, dann ist der Praktikantenvertrag oft die richtige Wahl.

Wann stellen Sie einen Diplomanden ein? Durchführung von Forschungsprojekten

Wenn Sie ein neues Produkt entwickeln wollen, können Sie dieses als »Forschungsprojekt« einer Person übertragen, die darüber eine Diplomarbeit schreibt. Dazu wenden Sie sich an eine Universität oder eine Berufsakademie, eine Duale Hochschule, die Ihnen einen geeigneten Diplomanden vermittelt. Vielleicht schreiben Sie dieses Projekt auch in der einschlägigen Fachpresse aus.

Genauso kommt ein Diplomand in Betracht, wenn beispielsweise ein neues Entgeltsystem entwickelt werden soll und dafür die notwendigen Eckdaten zu ermitteln sind und ein entsprechender Projektplan aufgestellt werden soll.

Wann schließen Sie ein befristetes Arbeitsverhältnis ab?

Ein befristeter Arbeitsvertrag kommt dann infrage, wenn Aufgaben zu erbringen sind, bei denen die ausführende Person in Ihren Betrieb eingebunden sein muss und mit Ihren Beschäftigten zusammenarbeiten wird. Wenn Sie von vornherein davon ausgehen, dass diese Arbeiten befristet sind, also nur für eine bestimmte Dauer anfallen, werden Sie sich für ein befristetes Arbeitsverhältnis entscheiden.

Wenn für einen befristeten Zeitraum einen Maschinenbediener beschäftigt werden soll, der zunächst mit dem Schichtführer zusammenarbeiten und diesen bei Abwesenheit vertreten soll, wenn der Schichtführer an einer geplanten Fort- oder Weiterbildungsmaßnahme teilnimmt, bietet sich der Abschluss eines befristeten Arbeitsverhältnisses an.

Auch wenn es um Arbeiten geht, bei denen Sie das Direktionsrecht ausüben müssen, also konkrete Anweisungen an den Mitarbeiter geben, werden Sie ein befristetes Arbeitsverhältnis abschließen.

Ebenso empfiehlt es sich, einen befristeten Arbeitsvertrag abzuschließen, wenn Sie das Fehlen von eigenen Beschäftigten überbrücken müssen. Aber auch dann, wenn Sie planen, die Position auf Dauer zu besetzen, können Sie die Möglichkeit eines befristeten Arbeitsverhältnisses nutzen, um den Mitarbeiter während der Befristungsdauer zu erproben. In manchen Fällen reicht die Zeit der Probezeit, der gesetzlichen Wartezeit, in der noch kein Kündigungsschutz besteht, nicht aus, um den neuen Beschäftigten beurteilen zu können.

Bei einem Konstruktionsmitarbeiter kann davon ausgegangen werden, dass sich seine Fähigkeiten erst über einen längeren Zeitraum der Zusammenarbeit beurteilen lassen. Die ersten sechs Monate des Arbeitsverhältnisses reichen nicht aus, um sich ein abschließendes Bild über den neuen Mitarbeiter zu machen. Hier schließen Sie zunächst einen befristeten Arbeitsvertrag ab. Wenn sich der Mitarbeiter bewährt hat, bieten Sie ihm einen unbefristeten Arbeitsvertrag an.

1.2   Welche Qualifikation benötigen Sie?

Anforderungsprofil erstellen
Die Anforderungen an den Mitarbeiter im Hinblick auf Ausbildung, Kenntnisse und Erfahrungen sind ein weiteres Merkmal, das für die Wahl des entsprechenden Vertrags entscheidend sein kann. Hier erstellen Sie zunächst ein konkretes Anforderungsprofil. Die zu erbringenden Arbeiten sind bereits definiert (siehe Kapitel 1.1).

Aus dem Anforderungsprofil leiten sich dann die Qualifikationsmerkmale ab, die die Voraussetzung für die Erbringung der Tätigkeiten bilden. Solche Qualifikationsmerkmale können sein:

- Schulbildung, Ausbildung
- Besondere fachliche Kenntnisse und Fähigkeiten
- Berufserfahrung
- Sprachkenntnisse
- EDV-Kenntnisse
- Selbstständige Arbeitsweise
- Kompetenz im Umgang mit Kunden oder Lieferanten
- Kompetenz im Umgang mit Mitarbeitern
- Flexibilität bezüglich der Änderungen im Arbeitsumfeld
- Flexibilität bezüglich des Arbeitsortes
- Flexibilität bezüglich der Arbeitszeit

Die Fachabteilungen sollten unbedingt bei der Ermittlung der Qualifikation mit einbezogen werden. Diese können am besten beurteilen, welche Kenntnisse und Erfahrungen für den freien Arbeitsplatz benötigt werden.

1.3   Wann brauchen Sie die Arbeitskraft?

Bei der Suche nach neuen Mitarbeitern müssen Sie auch prüfen, ab wann Sie dessen Arbeitskraft benötigen oder bis wann die Arbeiten erledigt, die Aufgaben abgeschlossen sein müssen.

Wenn Sie den Arbeitsplatz erst zu einem späteren Zeitpunkt besetzen wollen, wenn die Arbeiten nicht sofort durchgeführt und abgeschlossen sein müssen, dann haben Sie ausreichend Zeit, nach dem geeigneten Mitarbeiter zu suchen und die passende Vertragsform zu wählen. Sie haben dann auch die Möglichkeit, auf den verschiedenen Wegen nach dem geeigneten Mitarbeiter zu suchen. In dem Fall haben Sie grundsätzlich die größere Auswahl unter den Vertragsarten, aber auch unter den Bewerbern und Kandidaten, die für die Tätigkeit in Betracht kommen.

Arbeitskraft ab sofort gesucht

Wenn Sie die Arbeitskraft aber kurzfristig benötigen, also von heute auf morgen, stellen sich anderen Anforderungen und sind gegebenenfalls nicht alle Möglichkeiten in Betracht zu ziehen als bei einer Suche, für die Sie sich Zeit lassen können.

Je frühzeitiger die Planungsphase beginnt, desto mehr Zeit ist vorhanden, um die Auswahl zwischen den einzelnen Vertragsarten, zwischen einzelnen Bewerbern vorzunehmen. In der Praxis sind oftmals aber so genannte Schnellschüsse notwendig, die dann zu Entscheidungen auf Grund des Zeitdrucks führen, die bei besserer Vorbereitungszeit gegebenenfalls anders getroffen worden wären.

Kurzfristig benötigter Einsatz neuer Mitarbeiter

Wenn Sie kurzfristig einen Arbeitskräftebedarf haben, weil beispielsweise ein Mitarbeiter der Stammbelegschaft durch Arbeitsunfähigkeit ausgefallen ist, gibt es mehrere Möglichkeiten der Ersatzbeschaffung.

Einsatz von Zeitarbeitern

Eine Möglichkeit besteht in der Einstellung eines Zeitarbeitnehmers. Dieser ist regelmäßig am schnellsten verfügbar. Die Zeitarbeitsunternehmen haben üblicherweise entsprechend qualifizierte Arbeitnehmer, die sie Ihnen zur Verfügung stellen können. Darüber hinaus können Sie mit dem Zeitarbeitsunternehmen auch den kurzfristigen Austausch des Zeitarbeitnehmers vereinbaren. Dies könnte dann notwendig sein, wenn die überlassene Arbeitskraft nicht den Anforderungen entspricht, die Sie in fachlicher, aber auch menschlicher Sicht erwartet haben. In der Regel können Sie sich aber auf die bereits von dem Zeitarbeitsunternehmen durchgeführte Personalauswahl verlassen.

Bewerberpool des eigenen Unternehmens

Vielleicht haben Sie Bewerbungsunterlagen gesammelt, die bei Ihnen in der Vergangenheit eingegangen sind. Auf diesen Bewerberpool können Sie zurückgreifen, wenn Sie kurzfristig eine Arbeitskraft benötigen. Aus diesen Unterlagen suchen Sie dann den geeigneten Bewerber aus, der hoffentlich noch verfügbar ist. Mit diesem schließen Sie einen befristeten Arbeitsvertrag für die Dauer der Vertretung des fehlenden Mitarbeiters.

Längerfristig geplanter Einsatz neuer Mitarbeiter

Es sind aber auch Fälle denkbar, in denen Sie sich etwas mehr Zeit bei der Auswahl neuer Mitarbeiter lassen können. Dies kann dann gegeben sein, wenn Sie mit einem Mitarbeiter der Stammbelegschaft vereinbart haben, dass er erst in einiger Zeit – für welchen Zeitraum auch immer – seine Tätigkeit nicht mehr ausführen wird. Er wird vielleicht erst in einigen Monaten eine außerbetriebliche Fortbildung antreten, möglicherweise wird er in einigen Monaten in Rente gehen. Hier können Sie anhand der weiteren Prüfungsmerkmale die richtige Vertragsart auswählen, nach der dann die jeweiligen Tätigkeiten verrichtet werden.

In diesen Fällen kommen grundsätzlich alle Vertragsarten für Mitarbeiter ohne Festanstellung in Betracht, wenn die nachfolgenden Kriterien jeweils für die einzelne Vertragsart berücksichtigt und beachtet werden.

1.4 Welchen zeitlichen Umfang werden die Arbeiten haben?

Weiter werden Sie prüfen, welcher Zeitraum für die Arbeiten anzusetzen ist, bis wann die Arbeiten erledigt und abgeschlossen sein sollen. Dabei ist zu unterscheiden, ob Sie einen freien Mitarbeiter zur vorübergehenden Vertretung, zum Ausgleich eines vorübergehenden Ausfalls suchen oder aber ob Sie bestimmte abgeschlossene Arbeiten vergeben wollen.

Bei den Vertretungsfällen werden Sie nicht immer den zeitlichen Umfang abschätzen können, insbesondere bei Krankheitsvertretungen. Bei anderen Ausfällen wie etwa Elternzeit, vorübergehendes Ausscheiden des Mitarbeiters zur Fort- oder Weiterbildung können Sie eine zeitliche Planung vornehmen. Dabei ist zu prüfen, ob der Mitarbeiter ohne Festanstellung von der vertretenen Person eingearbeitet werden muss. Dann ist eine Übergangszeit zur Einweisung und Einarbeitung einzuplanen – die dann aber auch »doppelte« Kosten verursacht.

Bei den Vertretungsfällen kann es notwendig sein, dass der freie Mitarbeiter den vertretenen Beschäftigten Ihres Betriebes nach dessen Rückkehr einweist und wieder einarbeitet. Deswegen werden Sie auch hier Überlappungszeiträume zu berücksichtigen und einzukalkulieren haben.

Beendigungszeitpunkt

Legen Sie in Ihrer Planung einen entsprechenden Beendigungszeitpunkt fest. Einen Beendigungszeitpunkt sollten Sie insbesondere auch dann festlegen, wenn es um bestimmte Projekte, bestimmte in sich abgeschlossene Aufgaben und Tätigkeiten geht. Dabei berücksichtigen Sie, dass gegebenenfalls Qualitätskontrollen oder Nacharbeiten notwendig werden könnten, die dann noch durchzuführen sind.

1.5   Wann soll das Vertragsverhältnis enden?

Festlegung des Beendigungszeitpunkts

Sie prüfen, ob die Tätigkeit des Mitarbeiters zeitlich begrenzt, also befristet, oder ob sie grundsätzlich unbegrenzt, unbefristet sein soll. Dies hängt im Wesentlichen davon ab, welche Aufgaben, welche Arbeiten und Tätigkeiten der freie Mitarbeiter übernehmen soll.

Wenn es sich um in sich abgeschlossene Arbeiten handelt, werden Sie den jeweiligen Vertrag befristen. Dabei kommt auch in Betracht, dass Sie kein konkretes kalendarisches Ende als Ablaufzeitpunkt vereinbaren, sondern der Beendigungszeitpunkt sich aus dem Ende des Projektes, der Erledigung der Arbeiten ergibt. Dies gilt für alle Arten der Vertragsgestaltung entsprechend dem vorstehenden.

So kann eine vertragliche Vereinbarung befristet werden auf die Erstellung eines Projektplanes mit dessen Präsentation und Abnahme durch den Auftraggeber. Wenn dann ein Zeitraum vertraglich genannt ist, in dem das Projekt erstellt sein sollte, ist dies – je nach Ausgestaltung – aber meist nicht bindend, entscheidend ist der Abschluss der beauftragten Tätigkeiten.

Kündigung vor Ablauf der vereinbarten Frist?

Wenn Sie mit dem freien Mitarbeiter einen befristeten Vertrag abschließen, prüfen Sie, ob Sie und auch der Mitarbeiter die Möglichkeit haben sollen, das Vertragsverhältnis vorzeitig vor Ablauf der vereinbarten Frist zu kündigen. Die Beantwortung dieser Frage hängt von den näheren Umständen der Tätigkeit ab:

- Auf welchen Zeitraum ist das Vertragsverhältnis angelegt? Je länger die Laufzeit des Vertrags ist, desto notwendiger wird es sein, vorzeitig das Vertragsverhältnis auflösen zu können.
- Welche Qualifikation hat der freie Mitarbeiter? Ist er leicht ersetzbar oder gibt es nur sehr wenige Personen, die die notwendigen Kenntnisse und Fähigkeiten besitzen?

- Wie komplex ist die Aufgabe? Möglicherweise ist es problematisch, während der Projektarbeiten den Mitarbeiter auszutauschen.
- Wird der freie Mitarbeiter mit Betriebs- und Geschäftsgeheimnissen des Unternehmens betraut?
- Besteht die Gefahr, dass der freie Mitarbeiter Geschäftsgeheimnisse an Dritte, gegebenenfalls auch an Wettbewerber weitergeben kann?

Festlegung von Kündigungsfristen
Es kann aber auch sein, dass Sie die freie Mitarbeit unbefristet benötigen. In diesem Fall werden Sie einen unbefristeten Vertrag abschließen. Dabei werden Sie ebenfalls Kündigungsmöglichkeiten vorsehen, um bei Vorliegen bestimmter Gründe das Vertragsverhältnis beenden zu können. Die Länge der jeweils einzuhaltenden Kündigungsfristen können Sie grundsätzlich frei vereinbaren.

Bei Arbeitsverhältnissen, auch bei befristeten Arbeitsverhältnissen, ist die Vertragsfreiheit auch bezüglich der Kündigungsfristen eingeschränkt. Die Kündigungsfrist darf nie kürzer sein als in §622 BGB geregelt. Längere Kündigungsfristen als die gesetzlichen können aber vereinbart werden.

Wenn Sie die Kündigungsfrist im Vertrag festlegen, sollten Sie sich daran orientieren, wie schnell sich der freie Mitarbeiter durch einen anderen ersetzen lässt und welches Know-how insbesondere bezüglich der von ihm erbrachten Arbeiten und Tätigkeiten der freie Mitarbeiter aus Ihrem Unternehmen mitnehmen könnte, um es anderweitig zu verwerten.

1.6 Wo finden Sie den richtigen Mitarbeiter?

Zunächst prüfen Sie, auf welchem Wege Sie den neuen Mitarbeiter finden können, welche Suchwege Sie einschlagen wollen und können. Dabei gibt es keine Patentlösung für die richtige Methode. Es kommt hier darauf an, genau zu wissen, welche Qualifikation Sie benötigen und welchen Vertragstyp Sie anwenden müssen.

Wo finden Sie den richtigen freien Mitarbeiter?
Für freie Mitarbeiter gibt es keine generelle Suchplattform. Deswegen sind Sie hier darauf angewiesen, die zu vergebenden Tätigkeiten über die klassischen Stellenanzeigen in den Printmedien und über Ihre Homepage auszuschreiben oder auch die Plattformen zur Stellensuche im Internet zu bemühen. Darüber hinaus finden Sie in den entsprechenden Fachzeitschriften Hinweise und Inserate freier Mitarbeiter, die sich dort präsentieren und ihre Tätigkeiten an-

bieten. Soweit diese Inserate einen Hinweis auf die jeweiligen Homepages beinhalten, besuchen Sie diese. Auf diesem Weg können Sie oftmals schon eine Vorauswahl der geeigneten freien Mitarbeiter treffen. Möglicherweise sind auf den Homepages auch Referenzen von Kunden angegeben, zu denen Sie Kontakt aufnehmen können und auch sollten, um eine Auskunft über deren Erfahrungen zu Zusammenarbeit und Kompetenz des potentiellen neuen Mitarbeiters zu erhalten.

Achten Sie auf Empfehlungen!
Vielleicht hat auch ein Ihnen bekanntes und befreundetes Unternehmen in der Vergangenheit bereits entsprechende freie Mitarbeiter beschäftigt, so dass Sie von dieser Seite schon Informationen und Referenzen erhalten können.

Auf Plattformen zur Jobvermittlung im Internet (vgl. unten: »Die Suche nach Arbeitskräften im Internet«) gibt es auch die Möglichkeit gezielt nach freien Mitarbeitern zu suchen. Wegen der häufig speziellen Anforderungen in individueller Abhängigkeit zu betrieblichen Erfordernissen gestaltet sich die Suche nach einem freien Mitarbeiter dennoch generell schwerer als nach anderen Vertragspartnern.

Bewerberpool
Daher empfiehlt es sich auch in dem Fall, dass Sie einen geeigneten freien Mitarbeiter gefunden haben und beschäftigen oder beschäftigt haben, sich zu notieren, welche Art von Tätigkeiten er erbracht hat und wie seine Leistung und sein Verhalten zu bewerten war. Damit können Sie für sich – und gegebenenfalls auch für andere Arbeitgeber – einen Bewerberpool für die Zukunft aufbauen.

Zeitarbeitsunternehmen
Auch bei der Wahl des richtigen Zeitarbeitsunternehmens sind Sie zunächst auf die Erfahrung von Kollegen angewiesen.

Die meisten Zeitarbeitsunternehmen sind zu Verbänden zusammengeschlossen. In der folgenden Übersicht finden Sie eine Zusammenstellung der wichtigsten Verbände, über die Sie einen Vertragspartner für Zeitarbeit finden. Über die Regionaldirektionen der Bundesagentur für Arbeit können Sie erfahren und sich absichern, ob das von Ihnen ausgewählte Unternehmen zuverlässig ist.

Verbände der Zeitarbeitsunternehmen	Internetadresse
Bundesverband Zeitarbeit Personal-Dienstleistungen e.V. (BZA)	www.bza.de
Interessenverband Deutscher Zeitarbeitsunternehmen (IGZ)	www.igz-zeitarbeit.de
Arbeitgeberverband Mittelständischer Personaldienstleister e.V. (AMP)	www.amp-info.de
Mercedarius e.V.	www.mercedarius.de
Bundesvereinigung Deutscher Dienstleistungsunternehmen (BVD)	www.bvddeutschland.de
Unternehmensverband Industrie Service + und Dienstleistungen e.V. (UIS)	www.uvgruppe.de

Versuchen Sie auch hier auf die Erfahrungen anderer Unternehmen und Betriebe zurückzugreifen. Erkundigen Sie sich entsprechend bei Ihren Nachbarbetrieben, welche Erfahrungen sie mit den von ihnen eingesetzten Zeitarbeitsunternehmen gemacht haben.

Wenn Sie selbst gute (oder auch weniger gute) Erfahrungen mit einem Zeitarbeitsunternehmen gemacht haben, vermerken Sie dies in einer Datenbank mit dem Hinweis, um welche Arbeiten, welche Qualifikationen es damals gegangen ist.

Wo finden Sie den richtigen Werknehmer? Empfehlungen einholen
Auch bei dieser Möglichkeit der Beschäftigung von Mitarbeitern ohne Festanstellung im Rahmen eines Werkvertrages gibt es, wie bei den freien Mitarbeitern, mittlerweile zahlreiche Plattformen im Internet, die Sie bei der Suche nach einem geeigneten Werknehmer konsultieren können. Die wohl umfangreichste Auswahl werden Sie hier bei MyHammer (www.my-hammer.de) finden. Daneben gibt es jedoch noch zahlreiche weitere Plattformen.

Außerdem empfiehlt es sich, bei Kollegen und befreundeten Unternehmen nachzufragen, ob sie einen Werknehmer empfehlen können und welche Erfahrungen sie gemacht haben.

Auswahl mit Hilfe von berufsständischen Organisationen
Sie können auch den Weg über die jeweilige berufsständische Organisation wählen, um den richtigen Werknehmer auszusuchen.

Handwerksbetriebe

Bei Handwerksbetrieben erfahren Sie über die jeweils zuständige Handwerkskammer, welcher Handwerker sich auf welche Arbeiten spezialisiert hat.

Industrieunternehmen

Bei Industrieunternehmen erhalten Sie die entsprechenden Auskünfte über die Industrie- und Handelskammern, die Ihnen erste Hinweise geben können zur Auswahl des richtigen Vertragspartners. Die einschlägigen Arbeitgeberverbände können Ihnen ebenfalls Kontaktadressen nennen. Gegebenenfalls können Sie auch den jeweiligen Publikationen dieser Organisationen entnehmen, welcher Betrieb für die Arbeiten in Ihrem Unternehmen in Betracht kommt.

Ausschreibung der Arbeiten

Wenn Sie die Arbeitsaufträge ausschreiben, sollten Sie die ausgewählten Werknehmer gleichzeitig auffordern, Ihnen entsprechende Referenzen zu nennen. Die angesprochenen Firmen sollen Ihnen nachweisen, dass sie gleiche oder ähnliche Arbeiten in anderen Betrieben schon ausgeführt und erfolgreich zum Abschluss gebracht haben. Gleichzeitig fragen Sie nach, ob die angeschriebenen und beworbenen Betriebe personell und auch zeitlich in der Lage sind, die Arbeiten in dem Zeitraum auszuführen, wie Sie es für das Projekt geplant haben.

Die genannten Referenzunternehmen und die Referenzkunden der ausgewählten Werknehmer sollten Sie anrufen und dort nachfragen, wie die Arbeiten fachlich und organisatorisch abgewickelt wurden. Fragen Sie auch nach, wie die Zusammenarbeit war und ob die Arbeiten zeitgerecht ausgeführt wurden. Erkundigen Sie sich außerdem, ob die Auftraggeber fortlaufend über den Stand und den Fortgang der Arbeiten informiert wurden.

Auswahl des Werknehmers – Auswahlkriterien prüfen

Wenn Ihnen alle Unterlagen vorliegen, erstellen Sie eine Gegenüberstellung der angeschriebenen Betriebe und suchen denjenigen Werknehmer aus, der Ihre Kriterien am besten erfüllt. Hier prüfen Sie vor allem Preis, Zeitraum und Zeitbedarf der zu leistenden Aufgaben sowie die Ihnen gegebenen Referenzen. Gewichten Sie diese Auswahlkriterien: Welche dieser Aspekte sind Ihnen bei der Erledigung Ihres Auftrags besonders wichtig?

Datenbank anlegen

Wenn es sich bei den Aufgaben um regelmäßige Arbeiten handelt, die immer wieder in Ihrem Hause anfallen, erstellen Sie auch hier eine Datenbank. In diese Datenbank nehmen Sie auf,

- welche Arbeiten das Fremdunternehmen für Sie erbracht hat,
- wie die Qualität der Arbeiten war,

- ob die Zusammenarbeit problemlos erfolgte,
- ob die Arbeiten zeitgerecht innerhalb der Vorgaben erfolgte und
- wie hoch der Preis war.

Auf diese Datenbank greifen Sie zurück, wenn Sie diese oder ähnliche Arbeiten in Zukunft wieder zu vergeben haben. Ebenso können Sie die Datenbank nutzen, wenn Sie Ihrerseits von anderen Unternehmen angesprochen werden, die selbst entsprechende Werknehmer suchen.

Wo finden Sie den richtigen Diplomanden oder Praktikanten?

Bei der Suche nach geeigneten Diplomanden, Bachelor- oder Masterstudenten oder Praktikanten erfolgt die Auswahl über die ausbildenden Institutionen.

Auswahl von Praktikanten

Praktikanten sind üblicherweise Schüler, die sich um eine zukünftige Ausbildungsstelle bemühen. Hier können Sie mit den entsprechenden Schulen Kontakt aufnehmen. Über Aushänge am schwarzen Brett der Schule stellen Sie Ihr Unternehmen vor und beschreiben, welche Tätigkeiten und welche Ausbildungsberufe Sie anbieten und welche fachlichen Voraussetzungen Sie erwarten.

Auch bei Ausschreibungen für Praktikanten oder Diplomanden gilt es selbstverständlich darauf zu achten, dass diese diskriminierungsfrei im Sinne des Allgemeinen Gleichbehandlungsgesetzes (AGG) sind. Prüfen Sie deshalb sorgfältig, ob Ihre Angaben zu den Voraussetzungen des Praktikums diskriminierungsfrei formuliert sind.

Auswahl von Diplomanden bzw. Bachelor- und Masterstudenten

Bei Diplomanden bzw. Bachelor- und Masterstudenten werden Sie mit den entsprechenden Hochschulen Kontakt aufnehmen und hier die Aufgabe, die Sie zu vergeben haben, präsentieren. Die Hochschullehrer werden Ihnen möglicherweise geeignete Kandidaten vorschlagen oder vermitteln, die fachlich geeignet sind, die Diplom-, Bachelor- oder Masterarbeit mit dem angegebenen Thema zu bearbeiten.

Oft nimmt auch ein Vertreter der Hochschule oder ein interessierter Diplomand bzw. Bachelor- oder Masterstudent initiativ Kontakt mit dem Unternehmen auf. Der Diplomand bzw. Bachelor- oder Masterstudent oder ein Hochschullehrer wendet sich in der Regel mit einem zumindest in Umrissen skizzierten Thema an Sie und fragt an, ob Sie bereit und in der Lage sind, eine Diplomarbeit bzw. Bachelor- oder Masterarbeit in Ihrem Betrieb zu begleiten und erstellen zu lassen.

Wenn Sie regelmäßig Diplomanden oder Bachelor- und Masterstudenten die Chance geben wollen, in Ihrem Betrieb eine Diplom- bzw. Bachelor- oder Masterarbeit zu erstellen, sollten Sie selbst aktiv werden: Wenden Sie sich an entsprechende Hochschulen und präsentieren Sie dort Ihr Unternehmen. Stellen Sie die Bereiche vor, die aus Ihrer Sicht für die Erstellung von Diplom-, Bachelor- und Masterarbeiten geeignet sind. Halten Sie regelmäßigen Kontakt zu Vertretern der Hochschule(n) und aktualisieren Sie auch Ihre Angaben und Präsentation an den Hochschulen regelmäßig. So bleiben Sie Vertretern der Hochschule »im Hinterkopf« präsent und steigern auch für initiative Anfragen der Diplomanden bzw. Bachelor- oder Masterstudenten Ihre Attraktivität.

Wo finden Sie den richtigen Arbeitnehmer für ein befristetes Arbeitsverhältnis?
Bei der befristeten Beschäftigung handelt es sich um ein normales Arbeitsverhältnis, das sich von der unbefristeten allein durch die begrenzte Zeitdauer unterscheidet. Deshalb können Sie hier grundsätzlich die gleichen Suchwege beschreiten wie für die Auswahl von unbefristet beschäftigten Arbeitnehmern.

Es kommen folgende Suchwege in Betracht:
- die klassische Stellenanzeige in den Printmedien
- die Stellenanzeige auf Ihrer Homepage
- die Nutzung einer Online-Jobbörse
- die eigene Bewerberdatenbank
- die direkte Ansprache von potentiellen Bewerbern auf Grund persönlicher Empfehlungen

Die Suche nach Arbeitskräften im Internet
Immer größeres Gewicht bei der Besetzung von Arbeitsplätzen kommt den zahlreichen Plattformen zur Suche nach Arbeitskräften im Internet zu. Neben der Möglichkeit der Suche nach einem geeigneten Bewerber über die auf den Plattformen eingebetteten Suchmasken besteht natürlich die Möglichkeit, dass Sie die vakante Stelle auf der Plattform inserieren.

Für die Nutzung der Online-Jobbörsen spricht die hohe Reichweite, die Sie mit einem Inserat erreichen können. Prüfen sollten Sie zuvor jedoch, ob Sie diese große Reichweite bei der Besetzung Ihrer offenen Stelle überhaupt benötigen. Gerade bei leicht(er) zu besetzenden Positionen ist dies unter Umständen nicht erforderlich. Haben Sie dagegen eine schwer zu besetzende Position – beispielsweise wegen hoher Qualifikationsanforderungen, besonderer erforderlicher Spezialisierung oder auch auf Grund einer gewünschten langjährigen Berufserfahrung – kann die große Reichweite hilfreich sein, diese Stelle schneller mit einem geeigneten Bewerber zu besetzen.

Nützlich sind daneben auch die stetig wachsenden Bewerberpools, die diese Plattformen für die Suche von geeigneten Bewerbern für Arbeitgeber vorhalten. So können Sie sich schnell und unkompliziert einen Überblick über Bewerber, die nach Ihren Suchkriterien ausgewählt werden, verschaffen und deren Arbeitsprofil vergleichen. Dies ermöglicht Ihnen auch, abzuwägen, ob ein passender Bewerber für Ihre Stelle dabei ist und Sie können diesen gegebenenfalls gezielt ansprechen und versuchen ihn für Ihr Unternehmen gewinnen.

Sollten Sie sich für die Nutzung einer solchen Online-Plattform entscheiden, empfiehlt sich ein kurzer Vergleich, welche Plattform für Ihre Bedürfnisse die Geeignetste ist. Ein Vergleich der Kosten für die Nutzung der Plattformen mit dem dafür gebotenen Leistungsspektrum ist dabei genauso wichtig, wie auch der Blick auf etwaige Spezialisierungen der Plattform.

Neben den wohl am meisten besuchten Plattformen ohne besondere Schwerpunktsetzung wie

- Monster (www.monster.de),
- Stepstone (www.stepstone.de),
- Indeed (www.indeed.com),
- Jobscout24 (www.jobs.de) und
- Jobpilot (www.jobpilot.de)

gibt es noch zahlreiche weitere Plattformen. Dabei gibt es durchaus auch Angebote, die Ihren Schwerpunkt bei der Jobvermittlung auf bestimmte Branchen oder auch auf bestimmte Arbeitgeberprofile ausrichten; beispielsweise durch eine Konzentration auf Arbeitsplätze im Mittelstand (Yourfirm, www.yourfirm.de) oder auf die Vermittlung von Arbeitsplätzen im Handwerk (www.handwerkerstellen.de).

Nicht unerwähnt bleiben dürfen in dem Zusammenhang Karrierenetzwerke wie XING (www.xing.de) oder LinkedIn (www.linkedin.com). Auch auf diesen Plattformen können Sie ein Inserat für Ihre offene Stelle schalten und können wie auch bei den Online-Jobbörsen eine hohe Reichweite erzielen.

Daneben bieten diese Karrierenetzwerke die Möglichkeit, gezielt nach Personen mit für eine zu besetzende Stelle passenden Qualifikationen zu suchen, da jedes Mitglied des jeweiligen Netzwerks dort in seinem Profil auch Auskunft über erworbene Qualifikationen, bisherige Projekte und Beschäftigungen und die aktuelle Tätigkeit geben kann. So wird es Ihnen ermöglicht, gegebenenfalls geeignet erscheinende Personen gezielt auf Grund ihrer Angaben im eigenen Profil anzusprechen und den Versuch zu unternehmen, die Person für Ihr Projekt oder Ihre zu besetzende Stelle zu gewinnen.

Die Suche mithilfe von Personalvermittlern

Daneben gibt es die Möglichkeit, über Personalberatungen oder Personal-vermittler den geeigneten Mitarbeiter zu rekrutieren. Diese Dienstleistungen werden üblicherweise in Anspruch genommen, wenn Sie eine gehobene Fach- oder Führungsposition zu besetzen haben. Hier verfügen viele Personalbe-rater über Informationen, wo und mit welcher Qualifikation Beschäftigte zu finden sind, die sich für eine berufliche Änderung interessieren.

In der Regel kommt der Einsatz von Personalvermittlern für befristete Tätig-keiten aber weniger in Betracht. Führungskräfte sind nur sehr selten bereit, eine befristete Arbeitsaufgabe zu übernehmen.

Die Suche mithilfe von Zeitarbeitsfirmen

Sie haben auch die Möglichkeit, über Zeitarbeitsfirmen den geeigneten Be-werber zu finden. Zum einen haben Sie vielleicht schon entsprechende Er-fahrungen mit einem Zeitarbeitnehmer gemacht, der für Sie bereits tätig war und der im Hinblick auf die entsprechenden Qualifikationen in fachlicher und in persönlicher Hinsicht Ihren Anforderungen entspricht. Zum anderen kann aber auch die Zeitarbeitsfirma, mit der Sie in der Vergangenheit zusammenge-arbeitet haben, Ihnen einen geeigneten Bewerber vorstellen.

Beachten Sie, dass manche Zeitarbeitsfirmen eine Vermittlungsprovision ver-langen, wenn Sie einen ihrer Zeitarbeitnehmer abwerben. Diese Vermittlungs-provisionen sind zulässig. Die Höhe der Provision hängt davon ab, wie lange der Bewerber bei Ihnen schon als Zeitarbeitnehmer tätig war. Je länger der Zeit-arbeitnehmer in Ihrem Unternehmen tätig war, desto geringer fällt die Vermitt-lungsprovision aus, die Sie an das Zeitarbeitsunternehmen zu zahlen haben.

Personalsuche mithilfe der Bundesagentur für Arbeit – Jobcenter

Gegebenenfalls wird Ihnen auch die Bundesagentur für Arbeit behilflich sein können bei der Suche nach neuen Mitarbeitern.

Die Regionalagenturen haben so genannte Jobcenter eingerichtet. Diese be-raten und unterstützen Sie bei der Personalsuche, ohne dass hierfür Kosten entstehen. Dabei hängt die Qualität der Vermittlungen ganz offensichtlich auch von der wirtschaftlichen Lage in der Region ab. Je besser das wirtschaftliche Umfeld ist, desto geringer ist die Chance, einen geeigneten Bewerber zu finden.

Manche Regionalagenturen haben sich im Bereich der Beschäftigungs- und Qualifizierungsgesellschaften selbst engagiert oder unterstützen solche Ge-sellschaften, so dass sie Ihnen die entsprechenden Angebote auch aus diesem Bereich unterbreiten können.

Grundsätzlich gilt: Je qualifizierter der Bewerber sein soll, desto geringer ist die Möglichkeit, über die Bundesagentur für Arbeit eine entsprechende Person vermittelt zu bekommen. In diesen Fällen wird sich die Personalsuche auf andere Medien erstrecken müssen. Ist Ihr Budget für die Personalbeschaffung nur sehr gering, werden Sie dennoch das Angebot der Bundesagentur für Arbeit annehmen müssen.

Nutzen Sie die Unterstützung der Bundesagentur für Arbeit, sollten Sie Ihr Stellenangebot auf jeden Fall in dem Online-Stellenmarkt der Arbeitsagentur (www.arbeitsagentur.de) platzieren, auf den Arbeitssuchende bundesweit zugreifen können.

Personalsuche mithilfe der Regionalpresse

Auch die Regionalpresse kann Ihnen behilflich sein bei der Personalsuche. Wenn Sie z. B. in der Regionalpresse lesen, dass ein anderes Unternehmen der Region umstrukturiert wird und Personalanpassungen durchgeführt werden, rentiert sich ein Anruf bei diesem Arbeitgeber. Möglicherweise soll genau ein solcher Mitarbeiter entlassen werden, den Sie suchen. Das Unternehmen wird auch bereit sein, in dem eigenen Betrieb eine Stellenausschreibung von Ihnen am schwarzen Brett oder im Intranet zu veröffentlichen.

Vielleicht sind Sie oder eine Führungskraft aus Ihrem Haus Mitglied in einem Gesprächskreis für den Austausch von Erfahrungen, beispielsweise in einem Personalleiter- oder Betriebsleiterkreis. Hier können Sie Kollegen ansprechen, ob in nächster Zukunft Mitarbeiter mit entsprechenden Qualifikationen aus betrieblichen Gründen entlassen werden müssen.

Die Checkliste auf der folgenden Seite hilft Ihnen beim Verfassen einer ausführlichen Aufgabenbeschreibung.

	Checkliste: So geben Sie eine vollständige und exakte Aufgabenbeschreibung	✓
1.	Wurde die zu erbringende Aufgabe detailliert beschrieben?	
2.	Welche Qualifikationen und Kenntnisse sind für die Erledigung der Aufgaben erforderlich?	
3.	Welche Erfahrung ist erforderlich?	
4.	Welchen Handlungsspielraum erfordert die zu erbringende Arbeit?	
5.	Welche innerbetriebliche oder außerbetriebliche Kommunikation ist erforderlich, um die Tätigkeiten erfolgreich abzuschließen?	
6.	Welche Kompetenzen sind dem Mitarbeiter für die zu leistenden Aufgaben zu erteilen?	

Checkliste: So geben Sie eine vollständige und exakte Aufgabenbeschreibung	✓
7. Handelt es sich um Tätigkeiten, die immer wieder in Ihrem Betrieb anfallen?	
8. Müssen oder wollen Sie die Erbringung der Arbeiten in den Arbeitsablauf Ihres Betriebes integrieren?	
9. Macht die Arbeit es erforderlich, dass Sie das Direktionsrecht gegenüber dem Mitarbeiter ausüben wollen oder müssen?	
10. Sind die zu erbringenden Aufgaben in sich abgeschlossen?	
11. Handelt es sich um ein abgeschlossenes einmaliges Projekt?	
12. Handelt es sich um Tätigkeiten, die in Ihrem Unternehmen nicht regelmäßig, sondern nur ausnahmsweise oder einmalig anfallen?	
13. Handelt es sich um Hilfsleistungen bzw. Beratungsdienstleistungen?	
14. Handelt es sich um Aufgaben, die einer Entwicklung, einer Forschung bedürfen?	
15. Ist die Stellenausschreibung mit den Fachvorgesetzten bzw. mit der Fachabteilung abgestimmt und besprochen worden?	

Die folgende Checkliste hilft Ihnen eine vollständige und aussagekräftige Stellenanzeige zu formulieren. Wenn Sie alle Angaben gemacht haben, können Sie davon ausgehen, eine ausreichend interessante und für potentielle Bewerber informative und aussagekräftige Stellenbeschreibung gegeben zu haben.

Checkliste: Bestandteile einer vollständigen Stellenanzeige	✓
1. Kurze Darstellung Ihres Unternehmens	
2. Beschreiben der Produkte oder Dienstleistungen Ihres Unternehmens	
3. Beschreiben der Tätigkeit, für die ein Mitarbeiter gesucht wird	
4. Beschreiben des Arbeitsplatzes, der zu besetzen ist	
5. Beschreiben der Befugnisse des Stelleninhabers (Vollmachten, Direktionsrechte oder Ähnliches)	
6. Nennen des Arbeitsortes	
7. Festlegen und Benennen der Arbeitszeit (Vollzeit- oder Teilzeittätigkeit?)	
8. Festlegen und Benennen der Dauer des Arbeitsverhältnisses (befristet oder unbefristet?)	
9. Hinweis auf notwendige außerbetriebliche Einsatzorte (andere Betriebsstätten Ihres Unternehmens, Messen, Ausstellungen, Kundenbetriebe, Lieferantenfirmen etc.)	

Checkliste: Bestandteile einer vollständigen Stellenanzeige	✓
10.	Beschreiben der notwendigen fachlichen Qualifikationen und Kenntnisse für die ausgeschriebene Position	
11.	Beschreiben der notwendigen persönlichen Merkmale des Stelleninhabers, die für die Tätigkeit vorausgesetzt werden	
12.	Beschreiben der Perspektiven, die dem Stelleninhaber gegeben werden können	
13.	Benennen des Ansprechpartners für die Bewerbung	
14.	Festlegen des Zeitpunktes, zu dem die Stelle besetzt werden soll	
15.	Nennen einer Bewerbungsfrist, bis wann die Bewerbung eingegangen sein muss	
16.	Prüfen, ob die Stellenanzeige diskriminierungsfrei ist im Sinne des Allgemeinen Gleichbehandlungsgesetzes (AGG): a) geschlechtsneutrale Beschreibung b) keine Alters- oder Behindertendiskriminierung c) keine Diskriminierung wegen Rasse oder ethnischer Merkmale d) keine Diskriminierung von Religionen oder Weltanschauungen e) keine Diskriminierung aufgrund der sexuellen Identität	

1.7 Wie wählen Sie den richtigen Mitarbeiter aus?

Wenn Sie eine Stelle oder einen Arbeitsauftrag ausgeschrieben haben, werden Sie eine Vielzahl von Angeboten bekommen, unter denen Sie auszusuchen haben. Jetzt müssen Sie kurzfristig ermitteln, welcher der Bewerber in Betracht kommt und welche Bewerbungen Sie mit einer Absage zurücksenden. Bei der Bewerberauswahl ist ein strukturiertes Vorgehen notwendig, das bei allen Arten der Suche nach Mitarbeitern ohne Festanstellung vom Grundsatz her gleich abläuft.

Ziel der Bewerberauswahl

Ziel der Auswahl ist es, dass Sie aus der Vielzahl der Ihnen vorliegenden Unterlagen denjenigen Bewerber herausfiltern, der sowohl fachlich qualifiziert also auch persönlich geeignet ist, die Tätigkeit auszuführen. Der gesuchte Mitarbeiter muss also die fachlichen Qualifikationen mitbringen und gegebenenfalls in der Lage sein, sich in Ihr Unternehmen zu integrieren und mit Ihren Beschäftigten zusammenzuarbeiten.

1. Schritt: Erfassung der Angebote

In einem ersten Schritt listen Sie alle eingegangenen Bewerbungen oder Angebote auf, damit Sie einen besseren Überblick bekommen über die Anzahl, den Inhalt und vor allem die Vollständigkeit der eingegangenen Unterlagen. Wenn Sie eine Vielzahl von Bewerbungen erhalten haben, werden Sie zunächst einmal prüfen, ob die Unterlagen alle vollständig und alle wesentlichen Daten enthalten sind. Hierzu gehören:

- allgemeine Angaben zur Person oder zu der Firma nebst Angabe der vertretungsberechtigten Personen wie etwa Geschäftsführer
- Qualifikationen
- Referenzen, Arbeitsproben, Zeugnisse
- Beschreibung, warum Interesse an der Übernahme der ausgeschriebenen Tätigkeiten besteht
- Honorar- oder Preisvorstellungen
- gegebenenfalls Kalkulationsgrundlagen für das Honorar oder den angebotenen Preis
- Einsatzzeit
- frühest möglicher Einsatztermin
- Kontaktadressen

Es ist aufschlussreich zu beurteilen, wie die Unterlagen des Bewerbers aufgebaut sind. Daraus lässt sich ersehen, ob der Bewerber in der Lage ist, strukturiert zu denken und zu arbeiten. Wichtig kann auch sein, ob die Bewerbungsunterlagen sauber und fehlerfrei sind. Dies lässt einen Schluss darauf zu, ob der Bewerber in der Lage ist, seine Arbeiten ordentlich und sauber zu erbringen.

Unvollständige Unterlagen sollten Sie gleich zurücksenden, wenn nicht die vorgelegten Daten so überzeugend sind, dass Sie die fehlenden Unterlagen anfordern. Dabei ist allerdings auch zu beachten, aus welchem Land die Bewerber kommen und wie dort die Regeln sind bezüglich der Bewerbungen. In Frankreich ist es beispielsweise nicht üblich, eine Bewerbungsmappe zu erstellen oder Arbeitszeugnisse zu übersenden. Eine aus Frankreich kommende Bewerbung kann also trotz Unvollständigkeit in unserem Sinne eine gute Bewerbung sein.

Vermerken Sie in Ihren Unterlagen, warum Sie die Bewerbungen aussortiert haben. Dann brauchen Sie die entsprechenden Personen oder Firmen auch in Zukunft nicht mehr zu berücksichtigen. Zum anderen gelten auch hier die Vorschriften des Allgemeinen Gleichbehandlungsgesetzes (AGG) mit der Folge, dass Sie auch hier die Bewerberauswahl diskriminierungsfrei vornehmen, was Sie gegebenenfalls auch beweisen müssen.

2. Schritt: Bewertung der Angebote

Die Bewerbungsunterlagen werden Sie in einem zweiten Schritt danach einteilen, ob der Bewerber grundsätzlich für die angebotene Tätigkeit in Betracht kommt oder nicht. Es geschieht immer wieder, dass Sie aufgrund Ihres Stellenangebotes Bewerbungsunterlagen erhalten, die mit der ausgeschriebenen Stelle in keinerlei Zusammenhang stehen. Diese Bewerbungen werden Sie aussortieren und nur diejenigen in den Auswahlprozess einbeziehen, die tatsächlich für die angebotene Tätigkeit in Betracht kommen.

Zunächst müssen Sie grundsätzlich entscheiden, ob die fachliche Qualifikation des Bewerbers wichtiger ist oder aber die zwischenmenschlichen Faktoren eine große Rolle für die Aufgaben spielen. Sie werden weiter definieren, welche Qualifikationen und Fähigkeiten der Bewerber unbedingt besitzen muss und welche Kenntnisse und Erfahrungen nur wünschenswert, aber nicht ausschlaggebend für die Auswahl des Bewerbers sind.

Bei der Bewertung der Bewerbungsunterlagen spielen auch vermeintliche Äußerlichkeiten eine Rolle. Die Unterlagen sollten sauber sein, ordentlich gegliedert und optisch gut aufbereitet. Der Lebenslauf sollte lückenfrei dargestellt sein. Lücken weisen darauf hin, dass es in den nicht aufgeführten Zeiträumen irgendwelche Probleme – welcher Art auch immer – gegeben haben kann.

Fehlt z.B. im Lebenslauf eines Bewerbers ein Zeitraum von einigen Monaten, kann daraus geschlossen werden, dass dieser in dem fraglichen Zeitraum möglicherweise arbeitslos war. Fehlt in der Beschreibung einer Firma ein Zeitraum, könnte Insolvenz vorgelegen haben.

Auch die vorgelegten Zeugnisse oder Referenzen sollten lückenlos vorhanden sein. Fehlen bestimmte Unterlagen, müssen Sie davon ausgehen, dass die fehlenden Unterlagen bewusst zurückgehalten wurden. In diesem Fall liegt die Vermutung nahe, dass die Bewertung der Arbeiten des Bewerbers nicht positiv ausgefallen ist.

Wenn der Bewerber bestimmte Qualifikationen und Kenntnisse angibt, die zunächst für die ausgeschriebene Tätigkeit nicht von Bedeutung sind, sollten Sie diese dennoch bewerten. Es kann durchaus sein, dass Sie diese Fähigkeiten ergänzend nutzen können.

Wenn Sie beispielsweise die Vergabe von Reinigungsarbeiten ausgeschrieben haben, das sich bewerbende Unternehmen zusätzlich die Entsorgung von Sondermüll anbietet, werden Sie prüfen, ob Sie Sondermüll ebenfalls über dieses Unternehmen entsorgen lassen wollen.

Nachdem Sie die entsprechenden Qualifikationen gewichtet haben, entscheiden Sie sich für diejenigen Bewerber, die Sie zu einem ersten Bewerbungsgespräch einladen. Die anderen Bewerbungen halten Sie aber zurück. Denn es kann durchaus sein, dass die Bewerber der ersten Wahl nach dem Vorstellungsgespräch Ihre Erwartungen doch nicht genügen. In diesem Fall werden Sie auf die anderen Bewerber zurückgreifen müssen.

1.8   Wie führen Sie ein gelungenes Vorstellungsgespräch?

Vorstellungsgespräche sollten sorgfältig vorbereitet werden. Nachdem Sie die Bewerbungsunterlagen des Kandidaten gesichtet haben, vermerken sich die Fragen, die sich aus den Unterlagen ergeben.

Präsentation des eigenen Unternehmens

Das Bewerbungsgespräch dient nicht allein der Vorstellung des Bewerbers. Sie werden auch Ihr Unternehmen vorstellen wollen und die ausgeschriebenen Tätigkeiten gegebenenfalls näher definieren müssen. Deshalb werden Sie Prospektmaterial Ihres Betriebes bereithalten, vielleicht Beispiele Ihrer Produkte und möglicherweise auch ein Organigramm Ihrer Führungsstruktur, wenn dies für den Bewerber von Interesse sein könnte.

In einem nächsten Schritt werden Sie Kriterien festlegen, auf die Sie während des Gespräches achten.

Suchen Sie eine Person, die bei Ihnen Schulungs- und Verkaufsveranstaltungen durchführt, werden Sie im Vorstellungsgespräch auf die Wortwahl, den Satzaufbau, die Ausdrucksfähigkeit und gegebenenfalls auch auf einen Dialekt des Bewerbers achten.

Es ist sinnvoll, den Inhalt des Gespräches und die Fragen, die angesprochen werden sollen, auch mit anderen Fachabteilungen Ihres Hauses abzuklären, insbesondere, wenn Vertreter anderer Abteilungen nicht an dem Bewerbungsgespräch teilnehmen. Dabei sollten Sie darauf achten, dass im Gespräch auch die fachfremden Fragen von Ihnen kompetent gestellt werden, damit Sie die für Ihr Unternehmen wichtigen Antworten auch nachvollziehbar dokumentieren können.

Das Gespräch wird einem regelmäßigen Ablauf folgen. Dies ist schon deshalb wichtig, damit wesentliche Dinge nicht vergessen werden. Die Gesprächsstruktur ist auch sinnvoll, damit Sie die Ergebnisse der verschiedenen Vorstellungsgespräche miteinander vergleichen und die Bewerber besser und gerechter bewerten können.

Der folgende Gesprächsleitfaden zeigt Ihnen, wie ein strukturierter Gesprächsablauf für ein gelungenes Vorstellungsgespräch aussieht:

Gesprächsleitfaden: So führen Sie ein Vorstellungsgespräch	✓
1.	Begrüßung und Einführung in das Gespräch	
2.	Vorstellung Ihrer Person und Ihres Unternehmens	
3.	Vorstellung der Tätigkeiten und Aufgaben, die zu vergeben sind	
4.	Darstellung des Lebenslaufs des Bewerbers bzw. der Firmengeschichte und Firmenentwicklung des bewerbenden Unternehmens	
5.	Einholen von Referenzen der Gegenwart, der jüngeren und der älteren Vergangenheit	
6.	Abfrage von ergänzenden Qualifikationen und Erfahrungen	
7.	Nachfrage, warum sich der Bewerber gerade für Ihr Unternehmen und gerade für die ausgeschriebene Tätigkeit interessiert	
8.	Nachfrage, ob alles Wesentliche besprochen wurde	
9.	Besprechung und Erläuterung der weiteren Vorgehensweise der Bewerberauswahl	
10.	Nennen des Zeitraums, in dem die Entscheidung getroffen werden wird	

Bewerbungsgespräche sind Stresssituationen
Sie müssen davon ausgehen, dass für den Bewerber das Gespräch eine Stresssituation darstellt und er deshalb etwas unsicher und nervös sein kann. Dies zeigt Ihnen dann, wie der Bewerber mit Stresssituationen umgeht.

Machen Sie sich während des Bewerbungsgesprächs zumindest stichpunktartig Notizen. Dadurch sind Sie in der Lage, nach Abschluss aller Gespräche diese noch einmal ins Gedächtnis zu rufen. Mithilfe Ihrer Notizen können Sie die Ergebnisse gegenüberstellen und dann aus mehreren Bewerbern den geeigneten Mitarbeiter heraussuchen.

Geben Sie die aus den Bewerbungsgesprächen gewonnenen Erkenntnisse an die Fachabteilung weiter, damit diese dann gegebenenfalls ihrerseits Ihnen entsprechende Hinweise zur Eignung der Bewerber geben kann.

Nach Durchführung aller Bewerbungsgespräche fassen Sie diese wiederum zusammen, indem Sie eine Übersicht mit den Ergebnissen der Gespräche erstellen. Jetzt können Sie eine Abwägung zwischen den Bewerbern vornehmen und den richtigen freien Mitarbeiter für die ausgeschriebenen Tätigkeiten und Aufgaben aussuchen.

Haben die durchgeführten Interviews keine eindeutige Rangliste der Bewerber ergeben, führen Sie eine zweite Runde durch, bei der dann die Besten aus der ersten Runde berücksichtigt werden.

Zweite Interviewrunde

Kommt es zu einer zweiten Interviewrunde, werden Sie diese ebenso vorbereiten müssen wie die ersten Gespräche. Sie werden analysieren, welche Faktoren und welche Angaben Sie an der Eignung des Bewerbers zweifeln lassen.

Anhand dieser Kriterien werden Sie die ergänzenden Fragen für das zweite Bewerbungsgespräch festlegen und formulieren, die Sie ebenfalls mit der Fachabteilung, für die Sie den Mitarbeiter suchen, absprechen.

Aufbau für das zweite Vorstellungsgespräch

Für das zweite Vorstellungsgespräch bietet sich folgender Aufbau an:

- Erläuterung, warum die zweite Runde notwendig geworden ist
- Abfrage der zuvor erarbeiteten Kriterien, die die zweite Gesprächsrunde notwendig gemacht haben
- Nachfrage zu den Kriterien, zu denen die anderen Bewerber sich geäußert haben
- Mitteilung zur weiteren Vorgehensweise bei der Auswahl des freien Mitarbeiters
- Nennung des Zeitraums, in dem die endgültige Entscheidung getroffen wird

Die Ergebnisse dieser zweiten Vorstellungsrunde nehmen Sie ergänzend in die tabellarische Übersicht auf. Sie besprechen die Zusammenfassung und Ihre Präferenz für einen bestimmten Kandidaten mit der entsprechenden Fachabteilung. Anschließend treffen Sie die Entscheidung für einen Kandidaten. Dabei orientieren Sie sich an die folgenden Kriterien:

- Zwingend notwendige Qualifikationen und Erfahrungen
- Gewünschte, aber nicht zwingend erforderliche Fachkenntnisse
- Soziale Kompetenz, Führungsverhalten
- Übereinstimmung mit der Kultur Ihres Unternehmens
- Übereinstimmung bei der Frage des Honorars, der Vergütung
- Übereinstimmung Zeithorizont (Beginn und geplanter Zeitraum der Tätigkeit)
- Sonstige Kriterien wie etwa Kontakte zum Wettbewerb oder zu Kunden des Wettbewerbers

Nachdem Sie sich für einen Bewerber entschieden haben, teilen Sie ihm Ihr grundsätzliches Interesse an seiner Leistung mit und senden ihm den Vertragsentwurf mit der Bitte, Ihnen innerhalb einer festgelegten Frist eine Rückmeldung zu geben.

Bewahren Sie aber auch die anderen Bewerbungsunterlagen der Kandidaten auf, die in die letzte und entscheidende Bewerbungsrunde gekommen sind. Sollte Ihr Wunschkandidat nicht mehr zur Verfügung stehen, können und müssen Sie auf die anderen Kandidaten zurückgreifen.

1.9   Was müssen Sie bei der Rücksendung der Bewerbungsunterlagen beachten?

Die Unterlagen von denjenigen Bewerbern, die nicht in Betracht kommen und mit denen Sie keinen Vertrag abschließen werden, senden Sie an den Bewerber zurück.

Heben Sie interessante Bewerbungen auf!
Vielleicht wollen Sie die Unterlagen auch für Ihren Bewerberpool behalten. Dies ist dann der Fall, wenn Sie die Bewerbung an sich für interessant halten, den Bewerber aber für die konkret ausgeschriebenen und angebotenen Tätigkeiten nicht einsetzen wollen. In diesem Fall informieren Sie den Bewerber hierüber und bitten ihn darum, dass Sie die Bewerbungsunterlagen behalten können. Erläutern Sie ihm, dass Sie ihn bei der ausgeschriebenen Position zwar nicht berücksichtigen können, aber grundsätzlich ein großes Interesse an seiner Person und seiner Mitarbeit haben und dass Sie ihn deshalb gerne anschreiben möchten, wenn eine für ihn geeignete Stelle zu besetzen ist. Sobald der Bewerber Ihnen dann seine Zustimmung gegeben hat, können Sie dessen Bewerbungsunterlagen archivieren.

Es ist dabei sinnvoll, ein internes Wiedervorlagesystem zu installieren, damit Sie bei der Besetzung eines Arbeitsplatzes an die bereits eingegangene und archivierte Bewerbung denken. Nach einem bestimmten Zeitablauf, beispielsweise nach zwei Jahren, sollten Sie die Bewerbung aus dem Bewerberpoolnehmen, weil dann die Unterlagen wahrscheinlich nicht mehr aussagekräftig sind.

Das Allgemeine Gleichbehandlungsgesetz – Ablehnungsgründe notieren
Notieren Sie sich, warum die jeweiligen Bewerber aus dem Kreis der geeigneten Kandidaten ausgeschieden sind und welche sachlichen Gründe gegen einen Vertrag gesprochen haben. Diese Gründe sollten Sie aber nur sehr eingeschränkt und allgemein formuliert den abgelehnten Bewerbern mitteilen.

Achten Sie darauf, dass Sie keine eindeutigen Aussagen über den Ablehnungsgrund machen. Für alle Arten von Verträgen mit Mitarbeitern ohne Festanstellung gilt das Allgemeine Gleichbehandlungsgesetz (AGG): Wenn Sie aus diskriminierenden Gründen den Bewerber aus der Auswahl ausschließen, machen Sie sich gegebenenfalls schadenersatz- und entschädigungspflichtig.

Ein Verstoß gegen das Diskriminierungsverbot führt aber nicht dazu, dass Sie mit dem abgelehnten Bewerber einen Vertrag abschließen müssen, obwohl Sie dies nicht wollen. Das AGG gewährt ausschließlich einen Schadenersatzanspruch und eine Entschädigung, die dem Schmerzensgeld entspricht.

In einer rechtlichen Auseinandersetzung muss der abgelehnte Bewerber nur glaubhaft darlegen, dass er aufgrund eines oder mehrerer Diskriminierungsmerkmale, die im AGG genannt sind, nicht berücksichtigt wurde. Dabei ist es ausreichend, wenn der abgelehnte Bewerber die Vermutung äußert, dass er damit unzulässiger Weise benachteiligt, also diskriminiert werden sollte.

Diskriminierungsmerkmale

Sie müssen dann als beklagte Partei nachweisen, dass entweder keines der Diskriminierungsmerkmale betroffen ist oder dass es sachlich berechtigte Gründe gab, warum Sie den Bewerber benachteiligt haben.

Im AGG sind folgende Diskriminierungsmerkmale genannt:
- Rasse und die ethnische Herkunft
- Geschlecht
- Zugehörigkeit zu einer Religion
- Weltanschauung
- Behinderung (nicht nur das Vorliegen einer Schwerbehinderung)
- Alter
- sexuelle Identität

Die Ablehnung der Bewerbung darf nur dann auf den genannten Merkmalen basieren, wenn es hierfür rechtlich sachliche Gründe gibt, die Sie im Zweifel auch beweisen müssen.

Damit Sie in einer etwaigen Auseinandersetzung nicht in Argumentationsnöte kommen, werden Sie nicht nur das Anschreiben des Bewerbers aufbewahren, sondern sich vor allem auch notieren, warum Sie einen anderen Bewerber für die Position als Mitarbeiter ohne Festanstellung bevorzugt haben.

In dem Ablehnungsschreiben bedanken Sie sich grundsätzlich nur für die Bewerbung. Einen Ablehnungsgrund geben Sie nur an, wenn Sie sachliche

Gründe darlegen und beweisen könnten, etwa weil eine bestimmte fachliche Qualifikation fehlt.

Wenn der abgelehnte Bewerber nach den Gründen für die Ablehnung fragt, geben Sie ihm keine näheren Auskünfte, sondern verweisen ihn auf das ihm übersandte Schreiben. Achten Sie insbesondere darauf, dass auch andere Personen aus Ihrem Hause, die an der Auswahl des Mitarbeiters beteiligt waren, keinerlei nähere Ausführungen zu dem Auswahlverfahren machen. Auch dieser Personenkreis soll keine Gründe nennen, die zur Ablehnung eines Bewerbers geführt haben.

2 Den passenden Vertrag auswählen

Nicht jede Vertragsform ist für jede Arbeitsaufgabe, die zu vergeben ist, die richtige. Dies kann an der Art der Arbeitsaufgabe liegen, aber auch an dem Zeitraum, für den Sie die Erbringung einer bestimmten Aufgabe planen. Vielleicht kommt es auch auf die Begleitumstände an, welchen Vertrag Sie wählen. Wenn Sie z.B. nur kurzfristig Personal einsetzen müssen, werden die Möglichkeiten, welches Beschäftigungsverhältnis Sie eingehen, beschränkt sein.

Dieses Kapitel hilft Ihnen bei der Entscheidung, welcher Vertragstyp für welche Art der Tätigkeit gewählt werden sollte und welche Vertragsmöglichkeit gegebenenfalls vermieden werden muss.

2.1 Der Vertrag mit dem freien Mitarbeiter

Bei der so genannten freien Mitarbeit handelt es sich um eine freie unternehmerische Tätigkeit einer Person für einen Auftraggeber. Grundlage ist ein Dienstvertrag. Hier schuldet der Auftragnehmer die Erbringung einer Dienstleistung mit einer bestimmten Zielsetzung.

Wie grenzt man freie Mitarbeiter von abhängig Beschäftigten ab? Rechtliche Risiken minimieren

Die Abgrenzungskriterien zwischen freier Mitarbeit einerseits und einem abhängigen Beschäftigungsverhältnis andererseits sollten Sie kennen, um arbeitsrechtliche und sozialversicherungsrechtliche Risiken zu minimieren. Um festzustellen, welcher Vertragstyp tatsächlich vorliegt, kommt es nicht auf die Bezeichnung des Vertrags, auf dessen Überschrift an, sondern allein darauf, wie das Rechtsverhältnis gelebt wird.

Diese Vertragstypen unterscheiden sich durch den Grad der persönlichen Abhängigkeit, in der sich der zur Dienstleistung Verpflichtete befindet.

Wer ist abhängig beschäftigt?

Abhängig Beschäftigter und damit Arbeitnehmer ist, wer auf Grund eines privatrechtlichen Vertrags im Dienste eines anderen zur Leistung weisungsgebundener, fremdbestimmter Arbeit in persönlicher Abhängigkeit verpflichtet ist. Das Weisungsrecht kann dabei den Inhalt, die Durchführung, die Zeit, die Dauer und den Ort der Tätigkeit betreffen. Arbeitnehmer ist damit derjenige Mitarbeiter, der nicht im Wesentlichen frei seine Tätigkeit gestalten und seine Arbeitszeit bestimmen kann.

Prüfung des Einzelfalls

Die Arbeitsgerichte prüfen dabei alle Umstände des Einzelfalls. Der jeweilige Vertragstyp ergibt sich aus dem wirklichen Geschäftsinhalt.

Widersprechen sich Vereinbarung und tatsächliche Durchführung, ist letztere maßgebend, es kommt also rein auf die Tatsachen an.

Wesentlich für die Einordnung der Beschäftigung als freie Mitarbeit ist immer, dass der Auftragnehmer, ob im Rahmen eines Dienst- oder eines Werkvertrags, frei darin ist, wie er seine Arbeit verrichtet.

Der abhängig Beschäftigte dagegen ist von dem Unternehmen persönlich abhängig, er ist dort in die Arbeitsorganisation eingegliedert, worauf die Rechtsprechung des Bundesarbeitsgerichts besonders achtet.

Auch wenn der freie Mitarbeiter in seiner Arbeitsausführung frei ist, muss auch er sich natürlich an den Auftragsumfang halten und er muss bei der Tätigkeit die verkehrsüblichen Sorgfaltspflichten beachten, die für die Erbringung der Leistung üblich sind.

Gegebenenfalls muss der freie Mitarbeiter auch im Rahmen seiner Arbeitsaufgabe mit Beschäftigten des auftraggebenden Unternehmens zusammenarbeiten. Er ist auf deren Hinweise angewiesen und muss sich gegebenenfalls mit bestimmten Abläufen vertraut machen.

Der freie Mitarbeiter unterliegt aber keinem Weisungsrecht insbesondere in disziplinarischer Hinsicht. Der selbstständig Tätige ist im Wesentlichen frei in der Gestaltung seiner Tätigkeit und in der Einteilung der Arbeitszeit. Er muss lediglich das Ergebnis seiner Werk- oder Dienstleistung erbringen, wie auch immer er dies durchführt.

Was unterscheidet den freien Mitarbeiter vom abhängig Beschäftigten – Abgrenzungskriterien

Die Kriterien, nach denen die freie Tätigkeit von der Tätigkeit des abhängig Beschäftigten unterschieden wird, sind durch die Rechtsprechung – insbesondere der Arbeitsgerichte – entwickelt worden. Diese Kriterien lauten:

- Der freie Mitarbeiter ist zeitlich, örtlich und fachlich weisungsfrei, also unabhängig. Insbesondere die zeitliche und örtliche Freiheit wird als wichtiges Indiz dafür genutzt, um festzustellen, welcher Vertragstyp tatsächlich vorliegt. Dies bedeutet aber nicht, dass einem freien Mitarbeiter keine Zeitvorgaben gemacht werden dürfen. Selbstverständlich kann auch hier eine Terminbestimmung für die Erledigung der Arbeiten erfolgen, ohne dass daraus gleichzeitig ein Wandel zu einem Arbeitnehmerstatus resultiert.

- Auch die Wahl des Ortes, an dem die Dienstleistung zu erbringen ist, gilt als ein Kriterium, ob eine freie Mitarbeiterschaft vorliegt. Der Arbeitnehmer ist verpflichtet, seine Leistungen an dem vom Arbeitgeber vorgeschriebenen Arbeitsplatz und Arbeitsort zu erbringen. Der freie Mitarbeiter hat dagegen eigene Entscheidungsbefugnis. Dabei ist es natürlich unschädlich für den Status der freien Mitarbeit, wenn sich der freie Mitarbeiter zu bestimmten Zeiten im Unternehmen aufhalten muss, etwa zur Absprache, Kontaktaufnahme mit Arbeitnehmern oder Ähnlichem.

- Die Eingliederung in den Betrieb, in die Organisation und die Arbeitsabläufe ist ein wichtiges Unterscheidungsmerkmal. Der Arbeitnehmer ist ein Glied der Organisation, ohne das der Betriebsablauf gestört würde. Der freie Mitarbeiter muss auch hier frei sein. Da in diesem Punkt die Differenzierung manchmal schwierig ist, bewerten die Arbeitsgerichte auch Äußerlichkeiten wie eigene Durchwahl, E-Mail-Adresse des Unternehmens, Aufführung in internen und externen Telefonlisten oder Ähnliches.

- Aus dem vereinbarten Vertragsgegenstand schließen die Gerichte ebenfalls auf den Status einer beschäftigten Person.

- Für ein freies Mitarbeiterverhältnis spricht, dass die zu leistenden Dienste nicht nur grob umschrieben, sondern genau festgelegt sind. In diesem Falle stellt nämlich der Vertragspartner nicht seine Arbeitskraft zur Verfügung, sondern schuldet eine exakt definierte Dienstleistung, er schuldet insoweit einen Erfolg. Neben dem Abgrenzungsindiz ist die exakte Beschreibung der Dienstleistung auch deshalb notwendig, um gegebenenfalls auftretende Haftungs- und Gewährleistungsrisiken genau einordnen zu können.

- Der freie Mitarbeiter muss die Möglichkeit haben, auch für andere Auftraggeber tätig zu sein. Es darf ihm weder vertraglich noch vom zeitlichen Umfang her unmöglich sein, Aufträge anderer Unternehmen anzunehmen. Eine Nebentätigkeit darf grundsätzlich nicht untersagt werden. Ob der freie Mitarbeiter dann tatsächlich andere Aufträge annimmt oder nicht, ist irrelevant; er muss hierzu jedenfalls die theoretische Möglichkeit haben.

- Trägt der freie Mitarbeiter ein unternehmerisches Risiko, setzt er eigenes Kapital ein, um die Dienstleistung zu erbringen, dann ist dies auch ein Indiz dafür, dass es sich um freie Mitarbeit und nicht um ein Arbeitsverhältnis handelt. Dies kann sich sowohl auf die direkten Arbeitsmittel wie Werkzeug, Computer oder Ähnliches beziehen wie auch auf die Nutzung des eigenen Fahrzeuges, um gegebenenfalls vertraglich veranlasste Fahrten zu unternehmen.

Auch formale Kriterien werden bei der Beurteilung, ob eine Arbeitnehmereigenschaft vorliegt oder aber ein freies Mitarbeiterverhältnis, herangezogen.

Führt das Unternehmen die Steuer für den Mitarbeiter ab, zahlt es Sozialversicherungsbeiträge, erhält er bezahlten Erholungsurlaub, Entgeltfortzahlung im Krankheitsfall, dann liegt im Zweifel ein Arbeitsverhältnis vor.

Ob der freie Mitarbeiter ein Gewerbe angemeldet hat oder nicht, wird von der Rechtsprechung als unerheblich angesehen. Dies ist schon deshalb nicht zu beachten, weil es durchaus auch Berufszweige gibt, bei denen eine Gewerbeanmeldung nicht möglich oder zumindest nicht vorgeschrieben ist.

Mithilfe der folgenden Checkliste können Sie prüfen, ob das Arbeitsverhältnis tatsächlich ein freies Mitarbeiterverhältnis ist. Wenn Sie die überwiegende Zahl der Fragen mit Ja beantworten müssen, handelt es sich im Zweifel nicht um ein freies Mitarbeits-, sondern um ein Arbeitsverhältnis.

Checkliste: Liegt eine freie Mitarbeit vor?		✓	
Was müssen Sie prüfen?		Ja	Nein
1.	Ist der Mitarbeiter an feste Arbeitszeiten gebunden?		
2.	Ist der Arbeitsort für die Tätigkeit vorgeschrieben?		
3.	Muss der Mitarbeiter sich ständig oder regelmäßig in größerem Zeitumfang in Ihrem Betrieb aufhalten?		
4.	Ist der Mitarbeiter umfassend weisungsgebunden?		
5.	Ist der Mitarbeiter in den Betrieb eingegliedert durch einen eigenen betrieblichen Telefonnebenstellenanschluss?		
6.	Ist der Mitarbeiter in den Betrieb eingegliedert durch Aufnahme in das Organigramm?		
7.	Ist der Mitarbeiter in den Betrieb eingegliedert durch das Tragen von Firmenkleidung?		
8.	Ist der Mitarbeiter in den Betrieb eingegliedert durch die Aushändigung einer Identitätskarte, wie sie auch die eigenen Beschäftigten haben?		
9.	Ist der Mitarbeiter in den Betrieb eingegliedert durch die Aufnahme seiner Telefonnummer in das betriebliche Telefonverzeichnis?		
10.	Ist der Mitarbeiter in den Betrieb eingegliedert durch Erteilung einer betrieblichen E-Mail-Adresse?		
11.	Erhält der Mitarbeiter konkrete Arbeitsanweisungen?		
12	Hat der Mitarbeiter keine nennenswerte Freiheit bei der Durchführung seiner Arbeitsaufgaben?		
13.	Ist der Mitarbeiter nur für Sie als einzigem Auftraggeber tätig?		

Checkliste: Liegt eine freie Mitarbeit vor?	✓	
14.	Führt der Mitarbeiter in der Regel einfache Tätigkeiten aus, was für eine Arbeitnehmereigenschaft typisch ist?		
15.	Erhält der Mitarbeiter Entgelt wie die angestellten Mitarbeiter?		
16.	Erhält der Mitarbeiter Entgeltfortzahlung im Krankheitsfall?		
17.	Ist der Mitarbeiter in die Urlaubsplanung des Unternehmens eingebunden?		
18.	Erhält der Mitarbeiter Urlaub nur nach vorheriger Genehmigung des betrieblichen Vorgesetzten?		
19.	Hat der Mitarbeiter kein eigenes Büro bzw. keine eigene Betriebsstätte?		
20.	Hat der Mitarbeiter seinen Arbeitsplatz ausschließlich oder im Wesentlichen in Ihrem Betrieb?		
21.	Trägt der Mitarbeiter kein eigenes unternehmerisches Risiko?		
22.	Schuldet der Mitarbeiter nur seine Arbeitskraft und nicht auch ein Arbeitsergebnis, ein fertig gestelltes »Werk«?		
23.	Erbringt der Mitarbeiter gleiche oder ähnliche Tätigkeiten wie Ihre eigenen, angestellten Beschäftigten?		
24.	Zahlen Sie Sozialversicherungsbeiträge für den Mitarbeiter?		
25.	Führen Sie die Lohn- bzw. Einkommensteuer für den Mitarbeiter ab?		

Vorteile des freien Mitarbeitervertrags

Wenn Sie sich für die Zusammenarbeit mit einem freien Mitarbeiter entscheiden, sollten Sie die Vor- und Nachteile abwägen. Der Hauptvorteil eines freien Mitarbeiters liegt darin, dass Sie sich nicht auf Dauer an diese Person binden, sondern dass sie nur in einem begrenzten zeitlichen Umfang für Sie tätig ist.

Weitere Vorteile sind: Sie leisten keine Sozialversicherungsbeiträge. Sie sind für die Abführung der Lohn- bzw. Einkommensteuer nicht verantwortlich. Die Beendigung des Vertragsverhältnisses verläuft unproblematisch. Wenn der Vertrag befristet ist, unterliegt er nicht den Befristungsvoraussetzungen des Teilzeit- und Befristungsgesetzes, da dieses Gesetz nur für Arbeitnehmer gilt. Gleiches gilt für die Kündigung des Vertrags. Das Kündigungsschutzgesetz gilt hier nicht, so dass die Kündigung auch nicht sozial gerechtfertigt sein muss.

Nachteile des freien Mitarbeitervertrags

Der freie Mitarbeitervertrag hat aber auch Nachteile: So kann es ein Nachteil sein, dass die Arbeit des freien Mitarbeiters nicht in dem Maße kontrollierbar ist wie die Arbeit von fest angestellten Mitarbeitern. Der freie Mitarbeiter ist eigenständig in der Erbringung der Dienstleistung. Er ist gegebenenfalls nicht jederzeit ansprechbar, wenn er auch für andere Auftraggeber tätig ist. Sie können ihn nicht so in das Unternehmen, in eine bestimmte Abteilung einbinden wie Sie dies mit angestellten Arbeitnehmern möglich ist.

Insbesondere aber müssen Sie sämtliche Erweiterungen oder Ergänzungen des Auftrags separat schriftlich vereinbaren. Bei eigenen Mitarbeitern haben Sie das Direktionsrecht und können einseitig Aufgaben ändern, erweitern oder ergänzen. Bei freien Mitarbeitern müssen Sie dies jeweils vertraglich anpassen, also das Einverständnis des freien Mitarbeiters einholen.

Ein weiterer Nachteil der freien Mitarbeit besteht darin, dass nach Ende des Vertragsverhältnisses möglicherweise Know-how verloren geht. Der freie Mitarbeiter kann die Kenntnisse, die er bei Ihnen erworben hat, anderweitig verwerten, ohne dass Sie dies im Einzelfall nachweisen und damit unterbinden können.

Was sollte vertraglich geregelt werden? Dienstleistung genau beschreiben
In dem freien Mitarbeitervertrag sollten Sie die Dienstleistung, die zu erbringen ist, möglichst exakt beschreiben. Es ist aufzunehmen, dass der Mitarbeiter nicht weisungsgebunden – insbesondere nicht bezüglich der Arbeitszeit und dem Arbeitsort – ist. Das Honorar ist genau anzugeben zuzüglich der zu leistenden Mehrwertsteuer, ebenso die Fälligkeit der Vergütung. Darüber hinaus sollten Sie im Vertrag darauf hinweisen, dass der Mitarbeiter auch Aufträge anderer Auftraggeber entgegennehmen darf. Die Art und Höhe des Auslagenersatzes, z.B. Reise- und Fahrtkosten sind vertraglich zu regeln. Ausdrücklich aufgenommen werden sollte die Verschwiegenheitspflicht über Geschäfts- und Betriebsgeheimnisse, gegebenenfalls verbunden mit einer Vertragsstrafe.

Berichtspflicht des Mitarbeiters
Wenn der Auftrag sich über einen längeren Zeitraum erstrecken sollte, ist zu empfehlen, dass eine Berichtpflicht des Mitarbeiters zu festen Zeitpunkten vereinbart wird. Hier teilt der Mitarbeiter Ihnen mit, wie weit er mit dem Projekt, für das er beauftragt wurde, gekommen ist und welchen Zeitraum er für die Fertigstellung benötigt. Soweit dem Mitarbeiter Unterlagen oder Arbeitsmittel zur Verfügung gestellt werden, werden sie genau bezeichnet und auch geregelt, unter welchen Voraussetzungen sie an Sie zurück zu geben sind. Weiter muss geregelt werden, wer in Ihrem Hause Ansprechpartner für den Mitarbeiter ist, an den er sich bei Problemen der Auftragsausführung oder bei sonstigen Nachfragen wenden kann und soll.

Wenn der Vertrag nicht durch die Art des Auftrags zeitlich befristet ist, sollte eine Kündigungsfrist vereinbart werden.

In der folgenden Checkliste sind die wichtigsten Bestandteile eines freien Mitarbeitervertrags noch einmal übersichtlich zusammengefasst. Darüber hinaus finden Sie in Kapitel 11.1 das passende Vertragsmuster.

Checkliste: Was gehört in den freien Mitarbeitervertrag?	✓
1.	Exakte Beschreibung der Dienstleistung, die zu erbringen ist	
2.	Hinweis, dass der freie Mitarbeiter vor allem in Bezug auf Arbeitszeit und Arbeitsort nicht weisungsgebunden ist	
3.	Genaue Angabe des Honorars zzgl. Mehrwertsteuer	
4.	Angabe zur Fälligkeit der Vergütung	
5.	Regelung der Art und Höhe des Auslagenersatzes (z. B. Reise- und Fahrtkosten)	
6.	Hinweis, dass der freie Mitarbeiter auch Aufträge anderer Auftraggeber entgegennehmen darf	
7.	Aufnahme einer Klausel zur Verschwiegenheitspflicht zu Geschäfts- und Betriebsgeheimnissen, ggf. verbunden mit einer Vertragsstrafe	
8.	Bei Aufträgen mit längerer Laufzeit: Berichtpflicht des freien Mitarbeiters zum Stand des Projekts	
9.	Sollten dem freien Mitarbeiter Unterlagen oder Arbeitsmittel zur Verfügung gestellt werden: Auflistung und genaue Bezeichnung der Arbeitsmittel	
10.	Regelung der Rückgabe von Unterlagen oder Arbeitsmitteln	
11.	Festlegung eines Ansprechpartners für den freien Mitarbeiter im Auftraggebenden Unternehmen	
12.	Regelung des Vertragsendes	
13.	Ggf. Angabe einer Kündigungsfrist	

Typische Fallen vermeiden
Speziell bei dem Abschluss eines Dienstvertrags ist besondere Sorgfalt notwendig. Wegen der Nähe des Dienstvertrags zu einem abhängigen Beschäftigungsverhältnis bestehen erhebliche Risiken. Spätestens bei der Beendigung des Dienstverhältnisses entsteht oftmals Streit darüber, ob es sich bei dem Vertragsverhältnis um eine abhängige Beschäftigung gehandelt hat oder nicht.

Arbeitsrechtliche Konsequenzen

Stellt das Arbeitsgericht fest, dass es sich bei dem Vertragsverhältnis um keine freie Mitarbeiterschaft gehandelt hat, kommen auf das Unternehmen erhebliche Belastungen zu: Es müssen Beiträge zur Sozialversicherung nachentrichtet werden und die Lohnsteuer ist abzuführen.

Arbeitsrechtliche Schutzgesetze

Darüber hinaus sind die arbeitsrechtlichen Schutzgesetze zu beachten. Dies gilt insbesondere für das Kündigungsschutzgesetz. Die Kündigung wird nämlich dann darauf überprüft, ob sie sozial gerechtfertigt im Sinne des §1 KSchG ist. Gegebenenfalls fordert der Auftragnehmer auch noch nachträglich Urlaub ein, der dann abzugelten bzw. auszuzahlen wäre.

So schützen Sie sich vor arbeitsrechtlichen Konsequenzen

Um sich vor diesen arbeitsrechtlichen Konsequenzen zu schützen, sollten Sie vor allem die folgenden drei Punkte nicht in dem freien Mitarbeitervertrag aufnehmen:

1. Verzichten Sie in dem freien Mitarbeitervertrag auf eine Verpflichtung des Mitarbeiters, regelmäßig zu den Arbeitszeiten Ihres Betriebes vor Ort sein zu müssen. Vielmehr vereinbaren Sie, dass der freie Mitarbeiter hinsichtlich Arbeitszeit und -ort eigenständig handeln kann.
2. Ebenso sollten Sie auf eine vertragliche Vereinbarung verzichten, die den freien Mitarbeiter verpflichtet, Urlaub nur mit Ihrer Genehmigung zu machen.
3. Vereinbaren Sie keine Ausschließlichkeitsklausel, die beinhaltet, dass der Mitarbeiter nur für Ihr Unternehmen tätig sein darf (selbstverständlich können Sie dem Mitarbeiter dagegen vertraglich untersagen, während der Dienstleistung für Ihr Unternehmen einen Auftrag eines Wettbewerbers entgegenzunehmen).

2.2 Die Arbeitnehmerüberlassung

Durch die Zusammenarbeit mit Zeitarbeitsfirmen gibt es die Möglichkeit, Arbeitnehmer zu beschäftigen, ohne selbst für diese Arbeitgeber zu sein.

Der Gleichstellungsgrundsatz im Arbeitnehmerüberlassungsgesetz

Gesetzlich geregelt sind die Bedingungen für Zeitarbeitsverhältnisse im Arbeitnehmerüberlassungsgesetz (AÜG). Dieses beschreibt, unter welchen Bedingungen die Zeitarbeit zulässig ist, und regelt auch die Folgen der unzulässigen Arbeitnehmerüberlassung.

Im Arbeitnehmerüberlassungsrecht gilt der so genannte Gleichstellungsgrundsatz. Dieser besagt, dass Zeitarbeitnehmer grundsätzlich einen Anspruch darauf haben, mit den Arbeitnehmern des Entleiherbetriebes gleich gestellt zu werden im Hinblick auf die wesentlichen Arbeitsbedingungen, insbesondere bezüglich des Arbeitsentgeltes. Von diesem so genannten Gleichstellungsgrundsatz kann nur dann abgewichen werden, wenn das Zeitarbeitsverhältnis selbst von einem Tarifvertrag erfasst ist, der seinerseits die wesentlichen Arbeitsbedingungen festlegt.

Die Überlassung von Arbeitnehmern ist grundsätzlich nur dann zulässig, wenn das Zeitarbeitsunternehmen die entsprechende Erlaubnis der Bundesagentur für Arbeit hat.

Ausnahmen
In zwei Fällen ist die Erlaubnis zur Arbeitnehmerüberlassung durch die Bundesagentur für Arbeit nicht notwendig:
1. Die so genannte konzerninterne Arbeitnehmerüberlassung gestattet eine vorübergehende Überlassung von Arbeitnehmern zwischen Unternehmen, die zu einem Konzern im Sinne des § 18 AktG gehören.
2. Wenn der jeweils geltende Tarifvertrag es zulässt, können Arbeitnehmer aus Betrieben desselben Wirtschaftszweiges ohne Erlaubnis der Bundesagentur für Arbeit verliehen werden.

Die Vorteile der Arbeitnehmerüberlassung – schneller Einsatz möglich
Der Vorteil in der Zusammenarbeit mit Zeitarbeitskräften liegt darin, dass sie schnell eingesetzt werden können, wenn das Zeitarbeitsunternehmen die entsprechenden Arbeitskräfte zur Verfügung hat. Sie haben keine Kosten für die Personalauswahl, müssen keine Stellenanzeigen schalten und keine Bewerbungsgespräche führen.

Sie übernehmen als Entleiher nur einen Teil der Arbeitgeberpflichten wie etwa Fürsorgepflichten, Überwachung der Anwendung und Einhaltung der betrieblichen Regelungen wie etwa Betriebsvereinbarungen. Sie sind aber nicht Arbeitgeber der Zeitarbeitskraft. Sie müssen keine Sozialversicherungsbeiträge und keine Lohnsteuer abführen.

Sollte der Zeitarbeitnehmer nicht geeignet sein, können Sie sich schnell und problemlos von ihm trennen, indem Sie das Verleihunternehmen auffordern, Ihnen eine andere Arbeitskraft zur Verfügung zu stellen.

Sie werden nicht mit Kosten für Arbeitsunfähigkeitszeiten, Urlaub oder Feiertagsbezahlung belastet. Sie zahlen nur die tatsächlichen Einsatzstunden, die geleistete Arbeitszeit.

Im Unterschied zum Vertrag mit freien Mitarbeitern oder anderen Vertragsformen ohne Arbeitnehmereigenschaft haben Sie das direkte Direktionsrecht gegenüber dem Zeitarbeitnehmer. Sie können ihn insoweit behandeln wie einen eigenen Arbeitnehmer.

Ein weiterer und in der Praxis wichtiger Vorteil besteht darin, dass Sie die Zeitarbeitskraft über einen längeren Zeitraum als den der gesetzlichen Probezeit von sechs Monaten beobachten und beurteilen können. Sie können dann entscheiden, ob Sie ihn gegebenenfalls in ein befristetes oder festes unbefristetes Arbeitsverhältnis übernehmen.

Die Nachteile der Arbeitnehmerüberlassung – Gefährdung des Betriebsklimas
Der Nachteil des Einsatzes von Zeitarbeitern ist, dass diese von der eigenen Belegschaft möglicherweise ausgegrenzt und als Mitarbeiter zweiter Klasse angesehen werden. Wenn die wirtschaftliche Lage des Unternehmens schlecht ist, wird den Zeitarbeitnehmern möglicherweise unterstellt, dass sie der Stammbelegschaft die Arbeit wegnehmen.

Bei häufig wechselndem Einsatz ist zu berücksichtigen, dass die jeweils neuen Zeitarbeitnehmer immer wieder neu angelernt und eingeführt werden müssen, so dass Sie Zeiten bezahlen, die für Ihren Betrieb nicht produktiv sind.

Ein weiterer Nachteil der Zeitarbeit ist, dass Sie immer wieder prüfen müssen, ob das Verleihunternehmen die entsprechende behördliche Erlaubnis besitzt und die Sozialversicherungsbeiträge sowie die Lohnsteuer ordnungsgemäß abführt. Wenn das Verleihunternehmen seine Pflichten nicht erfüllt, werden Sie in Anspruch genommen. Für den Zeitarbeitnehmer kann dann automatisch ein Arbeitsverhältnis mit Ihrem Unternehmen begründet werden.

Im Übrigen ist der Einsatz von Zeitarbeitnehmern zeitlich begrenzt, derselbe Zeitarbeitnehmer darf beim Entleiher nicht länger als 18 Monate beschäftigt werden; Tarifverträge dürfen diese Höchstüberlassungsdauer aber erweitern.

Was sollte vertraglich geregelt werden?
In die vertragliche Regelung muss die genaue Beschreibung der Tätigkeit, die der Zeitarbeitnehmer bei Ihnen erbringen soll, aufgenommen werden, damit der Verleiher die entsprechend qualifizierten Mitarbeiter zur Verfügung stel-

len kann. Auch die Zeitdauer der Überlassung und das Honorar muss genau definiert werden.

Darüber hinaus sollten Sie den Verleiher verpflichten, Ihnen vor der Überlassung des Zeitarbeitnehmers die Erlaubnisurkunde im Original vorzulegen. Sie fertigen davon eine Kopie für Ihre Unterlagen und legen sie zusammen mit dem Arbeitnehmerüberlassungsvertrag ab.

Außerdem sollten Sie mit dem Zeitarbeitsunternehmen auch vereinbaren, dass es Ihnen in regelmäßigen Abständen, etwa quartalsweise oder halbjährig, unaufgefordert die Arbeitnehmerüberlassungserlaubnis vorlegt.

Weiter lassen Sie sich von dem Zeitarbeitsunternehmen eine Unbedenklichkeitsbescheinigung der Sozialversicherungsträger vorlegen. Damit wird belegt, dass das von Ihnen ausgewählte Unternehmen die Sozialversicherungsbeiträge regelmäßig und zuverlässig abgeführt hat und keine Beitragsrückstände bestehen.

Regelung zur Vergütung

Darüber hinaus sollte Ihnen der Verleiher in dem Arbeitnehmerüberlassungsvertrag bestätigen, dass er entweder auf das Leiharbeitsverhältnis einen bestimmten Tarifvertrag anwendet, oder dass der Zeitarbeitnehmer entsprechend den vergleichbaren Mitarbeitern Ihrer Stammbelegschaft vergütet wird. Dabei ist selbstverständlich auch darauf zu achten, dass der jeweils gültige gesetzliche Mindestlohn nach dem Mindestlohngesetz (MiLoG) nicht unterschritten wird.

Vertraglich vereinbart werden sollte auch, ob und gegebenenfalls unter welchen Voraussetzungen Sie berechtigt sind, einen Zeitarbeitnehmer in Ihre Stammbelegschaft zu übernehmen, also von dem Zeitarbeitsunternehmen abwerben können.

In der folgenden Checkliste sind die wichtigsten Bestandteile eines Arbeitnehmerüberlassungsvertrags noch einmal übersichtlich zusammengefasst. Darüber hinaus finden Sie in Kapitel 11.2 das passende Vertragsmuster.

Checkliste: Was gehört in den Arbeitnehmerüberlassungsvertrag?	✓
1.	Exakte Beschreibung der Tätigkeit, die der Zeitarbeitnehmer erbringen soll	
2.	Zeitdauer der Überlassung des Zeitarbeitnehmers	
3.	Vereinbarung der Vergütungshöhe (Stundensätze)	
4.	Vereinbarung von Zuschlägen für Mehrarbeit, Sonn- oder Feiertagsarbeit etc.	
5.	Angabe zur Fälligkeit der Vergütung (nach effektiv geleisteten Arbeitsstunden)	
6.	Ggf. Vereinbarung, unter welchen Bedingungen eine Übernahme des Zeitarbeitnehmers in die Stammbelegschaft erfolgen kann	
7.	als Anlage: Vorlage der Erlaubnisurkunde, die bestätigt, dass das Zeitarbeitsunternehmen zur Arbeitnehmerüberlassung berechtigt ist	
8.	als Anlage: Unbedenklichkeitsbescheinigung der Sozialversicherungsträger des Zeitarbeitsunternehmens	

Typische Fallen vermeiden

Arbeitnehmerüberlassung ist nur unter besonderen Voraussetzungen rechtlich zulässig. Das Arbeitnehmerüberlassungsgesetz (AÜG) soll den Zeitarbeitnehmer wirksam schützen für den Fall, dass das Zeitarbeitsunternehmen seine Arbeitgeberpflichten nicht erfüllt. Wenn das Zeitarbeitsunternehmen seinen Arbeitgeberpflichten nicht nachkommt, belastet das AÜG die Entleiherbetriebe. Diese geraten dann in eine Arbeitgeberstellung gegenüber dem Zeitarbeitnehmer.

Deshalb ist es sehr wichtig, dass Sie sich ein zuverlässiges Zeitarbeitsunternehmen suchen und sich regelmäßig bestätigen lassen, dass die Arbeitnehmerüberlassungserlaubnis noch vorliegt. Gleichfalls lassen Sie sich die Unbedenklichkeitsbescheinigungen der Sozialversicherungsträger und der Berufsgenossenschaft vorlegen. Aus diesen ergibt sich, dass das Zeitarbeitsunternehmen für seine Mitarbeiter die Beiträge zur Sozialversicherung zuverlässig und pünktlich an die jeweiligen Einzugsstellen abgeführt hat.

Übernahme von Zeitarbeitern

Oftmals ist in Arbeitnehmerüberlassungsverträgen geregelt, dass Sie einen Zeitarbeitnehmer dann übernehmen können, wenn Sie an das Zeitarbeitsunternehmen eine entsprechende Vermittlungsprovision zahlen. Achten Sie darauf, dass diese Vermittlungsprovision sich mit der Zeitdauer der Überlassung des Zeitarbeitnehmers reduziert. Je länger der Zeitarbeitnehmer bei Ihnen tätig ist, bis Sie ihn in die Stammbelegschaft übernehmen, desto geringen sollte die Vermittlungsprovision sein.

2.3 Der Werkvertrag

Bei dem so genannten Werkvertrag beauftragen Sie eine Fremdfirma mit der Erstellung eines Werkes. Hier erbringt die Fremdfirma mithilfe eigener Arbeitnehmer und mit eigenen Arbeitsmitteln ein konkretes Arbeitsergebnis. Für das Ergebnis haftet die Fremdfirma, die sich in einem solchen Fall regresspflichtig machen kann.

Vorteile des Werkvertrags
Der Vorteil des Werkvertrags liegt darin begründet, dass Sie in die Erstellung des Werkes nicht einbezogen sind, da der Werknehmer, die Fremdfirma allein für das Werk verantwortlich ist. Sie muss Ihnen das Werk in dem vereinbarten Zustand zu dem vereinbarten Zeitpunkt zur Verfügung stellen.

Ist das Werk mangelhaft ausgeführt, können Sie gegen den Werknehmer entsprechende Ansprüche bis hin zu Schadenersatzansprüchen geltend machen. Wenn das Werk später als vereinbart fertiggestellt wird, werden Sie an Ihre Kunden verzögert liefern und deshalb möglicherweise eine Vertragsstrafe riskieren. Diese können Sie dann gegebenenfalls von der Fremdfirma erstattet verlangen.

Sie haben außerdem eine feste Kalkulationsgrundlage, die sich aus dem vereinbarten Preis ergibt. Wenn sich die Fremdfirma verkalkuliert hat, dann dürfen die dadurch notwendigen zusätzlichen Aufwendungen nicht an Sie weitergegeben werden.

Ebenso tragen Sie keine Verantwortung für mögliche personelle Probleme bei den Arbeitnehmern der Fremdfirma. Diese ist allein verantwortlich für Urlaubsvertretungen, Arbeitsunfähigkeitszeiten, arbeitsvertragliche Pflichtverletzungen usw.

Nachteile des Werkvertrags
Der Nachteil eines Werkvertrags ist, dass Sie mögliche Änderungen erneut mit dem Werknehmer vereinbaren müssen. Gleiches gilt für Ergänzungen und Erweiterungen des Auftrages. Dadurch geht Ihnen im Vergleich zu eigenen Mitarbeitern viel Flexibilität verloren.

Insbesondere können und dürfen Sie den Beschäftigten der Fremdfirma keine Arbeitsanweisungen geben. Sie dürfen Sie auch nicht zur Überwindung von Engpässen in Ihrer eigenen Belegschaft heranziehen, um dort eigene Arbeiten kurzfristig erledigen zu lassen.

Was sollte vertraglich geregelt werden?

Sie müssen mit der Fremdfirma den konkreten Auftrag vereinbaren und genau beschreiben, was diese bis wann und wie zu machen hat. Dabei müssen Sie nicht alles exakt beschreiben. Der Auftragsumfang kann durchaus unter Bezugnahme auf ein bestimmtes Leistungsverzeichnis, beispielsweise eine Wartungs- und Instandhaltungsanweisung beschrieben sein.

Beispielsweise wird die Fremdfirma beauftragt, die Wartung der Maschine Typ … entsprechend des Handbuchs des Herstellers am … durchzuführen.

Beachten Sie bei der Leistungsvereinbarung, dass unbestimmte Beschreibungen des Auftrags, wie z.B. die allgemeine Formulierung »Montage« oder »Schweißarbeiten« unter Umständen ein Indiz dafür sein können, dass kein Werkvertrag, sondern gegebenenfalls ein – wahrscheinlich unzulässiger – Arbeitnehmerüberlassungsvertrag vereinbart wurde.

In einem Werkvertrag sollte darüber hinaus geregelt werden, dass die Fremdfirma die Arbeitsmittel, Werkzeuge oder Ähnliches selbst zur Verfügung stellt. Außerdem gehört eine Vereinbarung eines festen Preises gemessen an den Leistungen, die die Fremdfirma zu erbringen hat, in das Vertragswerk. Setzen Sie auch die Gewährleistungsmöglichkeiten und die Übernahme von Garantien im Vertrag fest, um spätere Unklarheiten oder Beweisschwierigkeiten zu vermeiden.

Zeitpunkt der Fertigstellung

Achten Sie darauf, dass Sie einen genau definierten Zeitpunkt setzen, zu dem die Arbeiten erledigt sein müssen. Sie beschreiben und vereinbaren exakt, wann das Werk fertig sein muss. Darüber hinaus sollten Sie mit der Fremdfirma vereinbaren, was geschehen soll, wenn der vereinbarte Termin zur Fertigstellung nicht eingehalten wird. Gegebenenfalls ist die Fremdfirma bereits gesetzlich schadenersatzpflichtig, möglicherweise möchten Sie ergänzend auch eine Vertragsstrafe als Ausgleich vereinbaren oder vielleicht die Option in diesem Fall eine andere Firma beauftragen zu können, die die Arbeiten zu Ende führt, im Vertrag niederschreiben.

Wenn Sie nicht wollen, dass der Werknehmer, die Fremdfirma, ihrerseits einen Dritten beauftragt (Subunternehmer), um Teile des Werkes zu erstellen, dann müssen Sie dies ebenfalls ausdrücklich in den Werkvertrag aufnehmen.

In der folgenden Checkliste sind die wichtigsten Bestandteile eines Werkvertrags noch einmal übersichtlich zusammengefasst. Darüber hinaus finden Sie in Kapitel 11.3 das passende Vertragsmuster.

Checkliste: Was gehört in den Werkvertrag?	✓
1.	Vereinbarung eines konkreten Auftrags	
2.	Beschreibung des Auftragsumfangs (ggf. unter Bezugnahme auf ein Leistungsverzeichnis)	
3.	Vereinbarung eines festen Preises	
4.	Angabe zur Fälligkeit des Honorars	
5.	Festlegung eines Termins der Fertigstellung	
6.	Regelung zu Gewährleistung und Garantien (z.B. für Mängel oder den Fall einer nicht fristgerechten Lieferung)	
7.	Ggf. Hinweis, dass der Werknehmer keinen Dritten zur Erstellung des Werkes beauftragen darf	

Typische Fallen vermeiden

Aus arbeitsrechtlicher Sicht kann ein Werkvertrag für Sie dann problematisch werden, wenn das Werk auf Ihrem Betriebsgelände bzw. in Ihren Räumen erstellt wird. Besonders in diesem Fall ist es ganz wichtig, dass Sie die vertragliche Grundlage richtig und unmissverständlich vereinbaren.

Sie regeln mit der Fremdfirma, wie sich deren Arbeitnehmer auf Ihrem Betriebsgelände, in Ihrem Unternehmen zu verhalten haben. Vereinbaren Sie weiter, dass den Mitarbeitern der Fremdfirma der Zugang zu bestimmten vertraulichen Bereichen, etwa der Entwicklung und der Konstruktion, untersagt ist.

Je genauer Sie die Aufgaben beschreiben, je detaillierter die einzelnen verwendeten Gegenstände bezeichnet und beschrieben sind, desto geringer ist das Risiko, dass es im Nachhinein zu Auseinandersetzungen kommt. Detaillierte Beschreibungen und Definitionen können einen Rechtsstreit über die zu erbringenden Aufgaben verhindern.

Achten Sie darauf, dass die Arbeitnehmer des Werknehmers, der Fremdfirma, ausschließlich für ihren eigenen Arbeitgeber tätig sind. In der Praxis kommt es häufig vor, dass diese Beschäftigten von Vorgesetzten des werkgebenden Unternehmens herangezogen werden, z.B. als Aushilfen, wenn es zu Engpässen im eigenen Bereich kommt. Dies ist unzulässig! Denn sehr schnell liegt eine Arbeitnehmerüberlassung vor, die erlaubnispflichtig ist.

Kommt es zu einer Arbeitnehmerüberlassung, ohne dass die Fremdfirma die Erlaubnis dafür hat, liegt eine Ordnungswidrigkeit vor. Die Geldbuße, die gegen Sie verhängt werden kann, beträgt bis zu 25.000 EUR.

Aus diesem Grund sollten Sie Ihre Führungskräfte eindringlich darauf hinweisen, dass sie nicht die Arbeitnehmer des Fremdunternehmens für eigene Arbeiten heranziehen dürfen.

Mithilfe der folgenden Checkliste können Sie prüfen, ob ein Werkvertrag vorliegt, der im Ernstfall vor dem Arbeitsgericht Bestand hat. Wenn Sie die überwiegende Zahl der Fragen mit Ja beantworten können, haben Sie die (arbeitsrechtlichen) Voraussetzungen für einen Werkvertrag erfüllt.

Checkliste: So stellen Sie fest, ob ein Werkvertrag vorliegt		✓
Was müssen Sie prüfen?	Ja	Nein
1. Ist die Aufgabe bzw. das Werk der Fremdfirma klar und eindeutig definiert?		
2. Ist der Leistungsgegenstand quantitativ genau beschrieben?		
3. Ist der Leistungsgegenstand qualitativ genau beschrieben?		
4. Besteht der Auftrag an die Fremdfirma in der Herstellung eines Werkes bzw. in der Herbeiführung und Abgabe eines Erfolges?		
5. Erfolgt die Abrechnung mit der Fremdfirma nach Festpreis oder einem Leistungsverzeichnis?		
6. Ist die Arbeitsorganisation für die Herstellung des Werkes alleinige Sache der Fremdfirma?		
7. Erhalten die Beschäftigten der Fremdfirma ihre Arbeitsanweisungen ausschließlich von dort?		
8. Haben die Fremdfirma und deren Beschäftigte eigene Fachkenntnisse für die Erbringung der Arbeitsaufgabe?		
9. Werden Arbeitsmittel wie Werkzeug und Ähnliches ausschließlich von der Fremdfirma gestellt?		
10. Bestimmt allein die Fremdfirma, wann sie mit wie vielen Beschäftigten das Werk erstellt bzw. die Arbeitsaufgabe erfüllt?		
11. Arbeiten die Beschäftigten der Fremdfirma unabhängig von den Beschäftigten Ihres Betriebes?		
12. Erfolgt die Auftragsdurchführung ohne Bindung an die Arbeitszeiten Ihres Unternehmens (Schichtzeiten, Pausenzeiten etc.)?		

Checkliste: So stellen Sie fest, ob ein Werkvertrag vorliegt		✓
13.	Enthält der Vertrag eine Garantie für die vertragsgemäße und mangelfreie Erstellung des Werkes?	
14.	Sind Gewährleistungsregelungen mit der Fremdfirma vereinbart?	
15.	Ist die Erstellung eines Abnahmeprotokolls nach Durchführung der Arbeiten vereinbart?	
16.	Endet der Werkvertrag mit der Fertigstellung des Werkes?	

2.4 Das Praktikum

Der Begriff des Praktikums wird unterschiedlich verwendet. Er ist gesetzlich nicht näher definiert. Die Bezeichnung selbst sagt nichts über den Rechtsstatus eines als Praktikant bezeichneten Mitarbeiters; es kommt auf die Vertragsdurchführung, den Inhalt der Vereinbarung an.

Zum einen bezeichnet man Schüler oder Studenten als Praktikanten, die in ihren Ferien in einem Unternehmen arbeiten, um Geld zu verdienen. Hier handelt es sich um ganz normale Arbeitnehmer, die einfach nur als Praktikanten bezeichnet werden, ohne solche zu sein.

Beachten Sie, dass im Falle, dass der bei Ihnen als Praktikant bezeichnete Beschäftigte wie ein Arbeitnehmer eingesetzt wird, für die arbeitsrechtliche Beurteilung die Arbeitsleistung im Vordergrund steht. Dann liegt kein echtes Praktikantenverhältnis vor.

In dem Praktikantenvertrag, wie er hier vorgestellt wird, wird das Praktikum als eine besondere Form der Ausbildung verstanden. Zur Ausbildung von Studenten und Schülern gehört oft eine praktische Ausbildungszeit in einem Betrieb. Hier werden praktische Kenntnisse und Erfahrungen vermittelt.

Das Praktikum kann durch eine Ausbildungsordnung vorgeschrieben sein oder es bildet die Zulassungsvoraussetzung für eine Ausbildung oder Prüfung. Das Praktikum in diesem Sinne unterliegt dem Berufsbildungsgesetz.

Daneben kennt man auch ein Praktikum von kurzer Dauer, einer Woche oder 14 Tage. Der Zweck eines solchen Praktikums besteht darin, dass der Praktikant das Unternehmen kennen lernt und herausfindet, ob er für einen bestimmten Ausbildungsgang geeignet ist.

Berücksichtigen Sie dabei, dass unter Umständen die Zahlung des Mindestlohns nach dem Mindestlohngesetz erfolgen muss. Davon ausgeschlossen sind jedenfalls solche Praktika, die durch die Ausbildungsordnung vorgeschrieben werden. Genauere Aufmerksamkeit ist allerdings Praktika zu widmen, die der Praktikant freiwillig bei Ihnen absolviert, die also nicht durch die jeweilige Ausbildungsordnung konkret veranlasst sind.

Beabsichtigen Sie die Beschäftigung eines solchen Praktikanten, so müssen Sie diesem ab dem ersten Tag der Beschäftigung den gesetzlichen Mindestlohn bezahlen, wenn das Praktikum länger als drei Monate dauert. Durch diese Regelung kommt der Umstand zur Berücksichtigung, dass ein Praktikant in der Regel nicht von Beginn seiner Tätigkeit an einen Beitrag zum wirtschaftlichen Erfolg Ihres Unternehmens leistet.

Vorteile des Praktikantenvertrags

Die Durchführung von Praktika kann für Ihr Unternehmen sehr vorteilhaft sein. Zum einen lernen Sie den Praktikanten, der sich für eine Ausbildung bei Ihnen interessiert, näher kennen. Sie können dann besser beurteilen, ob er zu Ihrem Unternehmen passt und für den entsprechenden Ausbildungsberuf geeignet ist.

Zum anderen lässt sich der Praktikant auch für eine bestimmte Aufgabe befristet im Betrieb einsetzen. Zum Beispiel könnte man ihm die Ausarbeitung einer bestimmten Maßnahme oder eines Projektes übertragen. An diese Tätigkeiten geht der – betriebsfremde – Praktikant oft unbefangener heran als Mitarbeiter, die schon viele Jahre im Unternehmen arbeiten.

Nachteile des Praktikantenvertrags

Die Nachteile eines Praktikums aus der Sicht Ihres Unternehmens hängen vor allem mit der kurzen Dauer zusammen: Der Praktikant steht Ihnen nur für ein bestimmtes Projekt oder nur für eine Kennenlernphase zur Verfügung. Wenn der Praktikant z.B. mit der Ausarbeitung eines Projektes betraut war, wird er Ihren Betrieb bei dessen Umsetzung nicht mehr begleiten, weil das Praktikantenverhältnis dann beendet ist.

Sie müssen den Praktikanten einweisen und mit den betrieblichen Gegebenheiten vertraut machen. Nach kurzer Zeit wird er Sie wieder verlassen, ohne dass Sie vielleicht einen Vorteil aus der Praktikantentätigkeit gezogen haben.

Wenn das Praktikum im Rahmen eines bestimmten Ausbildungsplans durchgeführt wird, handelt es sich um einen Auszubildenden im Sinne des Berufsbildungsgesetzes. Sie gewähren Urlaub, Sie leisten Entgeltfortzahlung im Krankheitsfall und Sie zahlen eine monatliche Ausbildungsvergütung.

Besteht das Praktikumsverhältnis länger als vier Monate, können Sie es nur noch aus wichtigem Grund kündigen.

Was sollte vertraglich geregelt werden?

Sie sollten mit dem Praktikanten genau vereinbaren und schriftlich festhalten, welche Art von Praktikum gemacht werden soll. Sie legen also fest, ob es sich um ein so genanntes »Schnupperpraktikum« handelt, dessen Ziel es ausschließlich ist, festzustellen, ob der Praktikant und Sie zusammenpassen und der Praktikant für den angestrebten Ausbildungsberuf geeignet ist.

Wenn der Praktikant einen Teil seiner Ausbildungszeit bei Ihnen verbringen soll, vereinbaren Sie genau, welche Ausbildungsziele erreicht werden sollen. Darüber hinaus beschreiben Sie, in welchen Bereichen mit welchen Aufgaben der Praktikant betraut werden soll.

Achten Sie darauf, dass der minderjährige Praktikant, der am Tag des Abschlusses des Praktikantenvertrages noch nicht 18 Jahre alt ist, zum wirksamen Abschluss des Vertrages auch die Unterschrift der gesetzlichen Vertreter, das sind in der Regel die Eltern, benötigt.

Die folgende Checkliste enthält die wichtigsten Bestandteile eines Praktikantenvertrags.

Checkliste: Was gehört in den Praktikantenvertrag?	✓
1.	Festlegung der Dauer des Praktikums	
2.	Vereinbarung, welche Art von Praktikum durchgeführt werden soll (Praktikumszweck)	
3.	Beschreibung der Arbeitsaufgaben, die der Praktikant ausführen soll	
4.	Benennen der Unternehmensbereiche, die der Praktikant kennen lernen soll	
5.	Unterschrift des Praktikanten	
6.	Achtung: Wenn der Praktikant unter 18 Jahre alt ist, muss der gesetzliche Vertreter (i.d.R. die Eltern) den Praktikantenvertrag unterschreiben.	

Typische Fallen vermeiden

Auch bei Praktikanten sollten Sie darauf achten, dass sie nur im Rahmen des konkreten Praktikums eingesetzt werden und keine anderen Aufgaben wahrnehmen. Sie dürfen einen Praktikanten nicht aus Kapazitätsgründen einfach mit anderen Aufgaben betrauen, die nichts mit dem Praktikumszweck zu tun haben. In dem Fall kann sehr schnell ein Arbeitsverhältnis entstehen mit der Folge, dass Sie die allgemeinen Arbeitgeberpflichten zu erfüllen haben. Wenn aus dem Praktikumsverhältnis ein verstecktes Arbeitsverhältnis geworden ist, haben Sie natürlich die Möglichkeit, die Kündigung auszusprechen.

Achten Sie außerdem genau darauf, ob es sich um ein freiwilliges Praktikum oder um ein Praktikum, das durch die Ausbildungsordnung vorgeschrieben ist, handelt. Im Falle eines freiwilligen Praktikums, das länger als drei Monate dauert, müssen Sie dem Praktikanten vom ersten Tag der Beschäftigung an den gesetzlichen Mindestlohn bezahlen. Prüfen Sie daher, ob auch unter dieser Voraussetzung die Beschäftigung des Praktikanten für Sie gewünscht und attraktiv ist.

2.5   Der Diplomanden- bzw. Absolventenvertrag

Ebenso wie der Praktikant absolviert auch der Diplomand bzw. Bachelor- oder Masterstudent einen Teil seiner Ausbildung in Ihrem Unternehmen. Er ist im Rahmen seines Studiums gehalten, eine Diplom- bzw. Bachelor- oder Masterarbeit zu einer bestimmten Aufgabe zu erstellen.

Das Thema dieser Arbeit wird dem Diplomanden bzw. Bachelor- oder Masterstudenten von der jeweiligen Hochschule gestellt. Oftmals findet allerdings im Vorfeld eine Absprache mit dem Betrieb statt, in dem die Abschlussarbeit erstellt werden soll. Durch diese Abstimmung soll sichergestellt werden, dass die Arbeit inhaltlich zu dem Unternehmen passt.

Nachdem die Arbeit abgeschlossen ist, wird sie an der Hochschule eingereicht und bewertet. Bei Bestehen der mündlichen Prüfung wird dem Studenten das entsprechende Diplom bzw. der Bachelor- oder Mastertitel verliehen.

Vorteile des Diplomandenvertrags

Bei der Diplom-, Bachelor- oder Masterarbeit wird der Student eine Arbeit zu einem konkreten Projekt erstellen. Der Student begleitet das Projekt, er betreut es vielleicht sogar federführend. Auch hier ist wie bei dem Praktikanten, die mit einem konkreten Projekt betraut werden, von Vorteil, dass der Student ganz unvoreingenommen an die Aufgabe herangehen kann. Demgegenüber können langjährig Beschäftigte eines Unternehmens vorbelastet sein und gegebenenfalls mehr Bedenken gegenüber dem Projekt haben als Außenstehende. Der Student bringt durch sein Studium einen breiteren theoretischen Hintergrund mit, der in Ihrem Betrieb neue Impulse und Sichtweisen vermitteln kann. Gegebenenfalls verfügt er auch über einen außerbetrieblichen Erfahrungsschatz, der an seiner Universität oder seiner Fachhochschule vorhanden ist.

Der Student ist befristet bei Ihnen für die Dauer seiner Diplom-, Bachelor- oder Masterarbeit tätig. Das Vertragsverhältnis endet dann, ohne dass es gekündigt werden muss.

Im Gegensatz zum Praktikanten wird auf den Diplomanden bzw. Bachelor- oder Masterabsolventen nicht das Berufsbildungsgesetz angewendet. Der Diplomand ist Student an seiner Hochschule oder Universität auch während der Dauer des Aufenthaltes in Ihrem Betrieb. Dies bedeutet, dass er keinen Urlaubsanspruch gegen Sie hat, keinen Anspruch auf Entgeltfortzahlung im Krankheitsfall und auch keinen Vergütungsanspruch.

Oftmals erhalten Studenten eine Vergütung in Form einer Einmalzahlung. Hierauf besteht aber kein gesetzlicher Anspruch. Sie können dies dennoch einzelvertraglich vereinbaren, wobei Sie die Zahlung des Honorars davon abhängig machen können, dass die Diplomarbeit erfolgreich abgeschlossen wurde und die Ergebnisse für Ihr Unternehmen verwertet werden dürfen. Auf diese Weise erhalten Sie die Ergebnisse der Diplomarbeit sehr günstig, ohne großen wirtschaftlichen Aufwand.

Ein weiterer positiver Aspekt ist der stetige Kontakt zu potentiellen Berufsanfängern, die Sie im Rahmen der Erstellung ihrer Abschlussarbeit näher kennenlernen und begutachten können. Dies ist eine gute Möglichkeit bereits früh qualifizierte Arbeitskräfte kennenzulernen und diesen das eigene Unternehmen für eine spätere Beschäftigung attraktiv zu machen.

Nachteile des Diplomandenvertrags

Der Student steht Ihnen für die Erstellung der Abschlussarbeit zur Verfügung. Dies bedeutet, dass er Ihr Unternehmen und damit das Projekt verlässt, wenn die Arbeit abgeschlossen ist. Er kann sich also an der Umsetzung des Projektes nicht mehr beteiligen.

Er steht auch für Rückfragen nicht mehr ohne weiteres zur Verfügung. Wenn sich Rückfragen ergeben, müssen Sie versuchen, diese innerbetrieblich zu lösen oder aber einen Berater heranzuziehen. Dieser muss sich aber selbst in das Projekt und die Erkenntnisse und Ausarbeitungen des Studenten einarbeiten. Hierdurch können Verzögerungen in der Umsetzung eintreten, die Sie nicht einkalkuliert haben und die vielleicht auch das Projekt, die Fertigstellung der Arbeitsaufgabe, die Veröffentlichung gefährden.

Die Abschlussarbeit wird zumindest an der Hochschule, für die sie erstellt wird, veröffentlicht. Dies bedeutet, dass gegebenenfalls betriebsinterne Daten weitergegeben werden müssen, selbst wenn sie anonymisiert sind.

Wenn die Abschlussarbeit eine einmalige Entwicklung oder besondere technische Neuerung behandelt, die Ihrem Unternehmen einen Vorteil gegenüber den Wettbewerbern verschaffen soll, kann die Veröffentlichung der Abschlussarbeit Ihre Wettbewerbsfähigkeit gefährden.

Ist die Diplomarbeit bzw. Bachelor- oder Masterarbeit zwar abgeschlossen, das Ergebnis aber nicht verwertbar, können Sie keinen Regress gegen den Studenten geltend machen. Sie haben keinen Anspruch auf Schadenersatz, etwa auf Ersatz Ihrer Aufwendungen für die Betreuung des Studenten durch Ihre eigenen Mitarbeiter.

Was sollte vertraglich geregelt werden?
Grundsätzlich sollten Sie auch für die Zusammenarbeit mit dem Studenten eine schriftliche Vereinbarung treffen. Sie sollten vor allem das Thema und den geplanten Zeitrahmen zur Ausführung der Abschlussarbeit angeben. Neben den Namen des betreuenden Hochschullehrers sollte auch ein Ansprechpartner im Unternehmen in dem Diplomanden- bzw. Absolventenvertrag genannt sein.

Ebenso sollte vertraglich festgelegt werden, dass das Unternehmen ein Exemplar der Abschlussarbeit erhält und die Ergebnisse verwerten darf. Im Gegenzug besteht die Möglichkeit – aber nicht die Verpflichtung –, ein Honorar mit dem Studenten zu vereinbaren, das allerdings nur bei erfolgreichem Abschluss der Diplomarbeit gezahlt werden sollte.

Die folgende Checkliste enthält die wichtigsten Bestandteile eines Diplomanden- bzw. Absolventenvertrags. Darüber hinaus finden Sie in Kapitel 11.4 das passende Vertragsmuster.

Checkliste: Was gehört in den Diplomanden- bzw. Absolventenvertrag?	✓
1. Thema der Abschlussarbeit	
2. Zeitraum der Erstellung der Abschlussarbeit	
3. Name des Betreuers der Abschlussarbeit (Hochschullehrer)	
4. Ansprechpartner für den Studenten im Unternehmen	
5. Verpflichtung des Studenten, ein Exemplar der Abschlussarbeit dem Unternehmen zur Verfügung zu stellen	

	Checkliste: Was gehört in den Diplomanden- bzw. Absolventenvertrag?	✓
6.	Ggf. Festlegung eines Honorars, gebunden an den Erfolg der Abschlussarbeit	
7.	Hinweis, dass durch die Erstellung der Abschlussarbeit im Unternehmen kein Arbeitsverhältnis begründet wird	
8.	Verschwiegenheitsverpflichtung des Studentenbezüglich aller betriebsinterner Daten und Informationen	

Typische Fallen vermeiden

Auch der Student darf nur im Rahmen seiner Abschlussarbeit eingesetzt werden. Er darf nicht zu Arbeiten herangezogen werden, die aus betrieblichen Gründen unbedingt erledigt werden müssen. Wird er über seine eigentliche Aufgabe hinaus beschäftigt, entsteht ein Arbeitsverhältnis mit der Folge, dass eine Arbeitsvergütung zu zahlen ist und der Student alle Rechte eines Arbeitnehmers geltend machen kann. Vermeiden Sie deswegen einen entsprechenden Einsatz des Studenten in Ihrem Betrieb.

Weisen Sie daher Ihre Führungskräfte und Mitarbeiter unbedingt darauf hin, dass sie den Studenten nicht zu betrieblichen Tätigkeiten heranziehen dürfen, die mit der Abschlussarbeit in keinem Zusammenhang stehen.

Achten Sie auch darauf, dass der Student nur zu den Bereichen Ihres Unternehmens Zutritt hat, die mit der Abschussarbeit in Zusammenhang stehen. Der Student wird möglicherweise mit Abteilungen Ihres Betriebes in Kontakt kommen, die aus Gründen der Vertraulichkeit nicht allgemein zugänglich sind. Deshalb sollte der Student eine Verschwiegenheitserklärung unterschreiben, die ihn verpflichtet, Stillschweigen über sämtliche betrieblichen Kenntnisse und Daten zu wahren. Die Daten für die Abschlussarbeit sollten nur in anonymisierter Form verwendet werden.

2.6 Der befristete Arbeitsvertrag

Die Zulässigkeit der Befristung von Arbeitsverhältnissen richtet sich nach § 14 des Teilzeit- und Befristungsgesetzes (TzBfG). Es unterscheidet zwischen der Befristung mit Sachgrund und der Befristung ohne sachlichen Grund.

Aus welchen Sachgründen darf ein Vertrag befristet werden? Befristung mit Sachgrund

Bei der Befristung mit Sachgrund muss ein Grund vorliegen, der grundsätzlich auch geeignet wäre, die Kündigung des Arbeitsverhältnisses zu rechtfertigen. Beispielhaft führt das Gesetz als zulässig folgende Sachgründe auf und orientiert sich dabei an der zur Befristung ergangenen Rechtsprechung des Bundesarbeitsgerichts:

Zulässige Sachgründe
- vorübergehender Bedarf an der Arbeitskraft (beispielsweise Saisonarbeitskräfte)
- Befristung nach Abschluss einer Ausbildung, um eine Anschlussbeschäftigung zu erleichtern
- notwendige Vertretung für abwesende Mitarbeiter (längere Krankheit, Elternzeit, Mutterschutz, Fortbildungsmaßnahme außerhalb des Betriebes o. Ä.)
- Projektbefristung, wenn es sich um ein einmaliges Projekt handelt (beispielsweise die Einführung eines neuen EDV-Systems, die Durchführung eines Forschungsprojekts)
- Befristung zur Erprobung, wenn aus sachlichen Gründen die gesetzliche Probezeit von sechs Monaten nicht ausreicht (Dies gilt aber nur in absoluten Ausnahmefällen, etwa weil die Arbeitsaufnahme zunächst mit einer Vielzahl von Qualifizierungsmaßnahmen verbunden ist, so dass die ersten sechs Monate nicht als Probezeit ausreichen!)
- Befristung auf Wunsch des Arbeitnehmers (beispielsweise bei Ferienaushilfen oder als Überbrückungsmaßnahme bis zur Aufnahme einer Aus- oder Fortbildung)
- Befristung, wenn haushaltsrechtlich nur eine befristete Stelle vorhanden ist
- Befristung als Ergebnis eines gerichtlichen Vergleichs

Im Streitfall müssen Sie den Sachgrund beweisen. Deshalb sollten Sie sich Notizen machen und Belege für den Grund der Befristung zur Personalakte des Mitarbeiters nehmen.

Daneben hat das Bundesarbeitsgericht entschieden, dass eine Befristung auch auf die so genannte Regelaltersgrenze zulässig ist. Dies bedeutet, dass auch das Renteneintrittsalter eine zeitliche Befristung rechtfertigt.

Beispielsweise endet das Arbeitsverhältnis auch zu dem Zeitpunkt, zu dem der Beschäftigte Anspruch auf eine ungekürzte Altersrente hat (derzeit das 67. Lebensjahr).

Wann darf der Vertrag ohne Sachgrund befristet werden? Befristung ohne Sachgrund
Die Befristung ohne Sachgrund setzt voraus, dass es sich bei der Einstellung um eine Neueinstellung handelt und der Mitarbeiter noch nie als Arbeitnehmer in Ihrem Unternehmen tätig war. Auf die Länge der Vorbeschäftigung

kommt es nicht an; auch die Ferienaushilfe ist ein Arbeitnehmer mit der Folge, dass eine spätere Befristung ohne Sachgrund ausgeschlossen ist.

Die Befristungsdauer ohne Sachgrund ist begrenzt auf maximal 24 Monate. Ist die erste Befristung kürzer, kann sie dreimal verlängert werden, bis der 24-Monats-Zeitraum erschöpft ist.

Die sachgrundlose Befristung steht allerdings im Fokus der aktuellen Koalitionsverhandlungen (Februar 2018). Es sind Bestrebungen der SPD diskutiert worden, die sachgrundlose Befristung gänzlich zu untersagen oder zumindest stark einzuschränken. Der Ausgang dieser politischen Debatte ist derzeit offen und es kann keine verlässliche Prognose über die zukünftige Zulässigkeit der sachgrundlosen Befristung oder deren Voraussetzungen getroffen werden.

Sonderfall: ältere Bewerber

Der Vollständigkeit halber sei auf folgende derzeit bestehende weitere Möglichkeit der sachgrundlosen Befristung hingewiesen: Es ist gesetzlich geregelt, dass bei Bewerbern, die bereits das 52. Lebensjahr vollendet haben, ohne sachlichen Grund für maximal 5 Jahre das Arbeitsverhältnis befristet werden kann, wenn er in den vor der Einstellung liegenden letzten vier Monaten arbeitslos war. Es ist weiter zulässig, dass innerhalb dieses Zeitraums ein befristeter Arbeitsvertrag, der kürzer als fünf Jahre andauern sollte, mehrfach, also unbegrenzt verlängert werden darf, solange die Gesamtdauer der aufeinander folgenden Befristungen fünf Jahre nicht überschreitet.

Vorteile des befristeten Arbeitsverhältnisses

Der Vorteil eines befristeten Arbeitsverhältnisses besteht darin, dass Sie für einen festgelegten Zeitraum einen Mitarbeiter gewinnen, dessen Arbeitsverhältnis ohne Kündigung allein durch Zeitablauf endet. Es bedarf also keiner Kündigungsgründe. Entsprechend muss auch der Betriebsrat nicht angehört werden, da eine Kündigung nicht notwendig ist, um das Arbeitsverhältnis zu beenden.

Sie haben durch die Befristung die Möglichkeit, den Mitarbeiter problemlos über einen längeren Zeitraum zu erproben. So können Sie feststellen, ob er Ihren Leistungserwartungen entspricht und mit seinen Umgangsformen, seinem Auftreten und seiner Einsatzbereitschaft in Ihr Unternehmen passt.

Nachteile des befristeten Arbeitsverhältnisses

Der Nachteil des befristeten Vertrags gegenüber anderen Vertragsformen ohne Festanstellung besteht darin, dass hier Sozialversicherungsbeiträge zu entrichten sind und Ihr Unternehmen Urlaubsgeld sowie Entgeltfortzahlung im Krankheitsfall leisten muss.

Bei dem befristet beschäftigten Arbeitnehmer handelt es sich um einen ganz normalen Beschäftigten, der sich von der Stammbelegschaft nur durch die Befristung seines Arbeitsvertrags unterscheidet. Wenn es in Ihrem Haus einen Betriebsrat gibt, ist dieser bei der Einstellung eines befristet beschäftigten Arbeitnehmers anzuhören.

Gleiches gilt für eine vorzunehmende Eingruppierung. Darunter versteht man die Zuordnung des Mitarbeiters zu eine betrieblichen Entgeltgruppe. Auch hier hat der Betriebsrat ein Mitbestimmungsrecht.

Was sollte vertraglich geregelt werden?

In befristeten Arbeitsverträgen muss vor allem der Beginn und das Ende des Arbeitsverhältnisses geregelt werden. Bei einer Befristung mit Sachgrund muss dieser Sachgrund zumindest festgehalten werden, er muss sich nicht zwingend im Vertrag selbst wiederfinden, es ist jedoch ratsam, diesen im Vertragswerk aufzunehmen.

Darüber hinaus sollten Sie vertraglich festhalten, dass das Arbeitsverhältnis von beiden Seiten vorzeitig beendet werden kann durch Ausspruch einer ordentlichen Kündigung (§ 15 Abs. 3 TzBfG).

Wenn Sie die vorzeitige Kündigungsmöglichkeit nicht in den Arbeitsvertrag aufgenommen haben, endet das Arbeitsverhältnis frühestens mit Fristablauf, kann also nicht vorzeitig ordentlich gekündigt werden. Aber: Eine außerordentliche, fristlose Kündigung ist immer möglich, auch wenn dies nicht im Arbeitsvertrag ausdrücklich erwähnt ist.

In den Vertrag aufgenommen werden sollte auch eine so genannte Versetzungsklausel, mit der sich der Arbeitnehmer einverstanden erklärt, auch andere zumutbare Tätigkeiten zu übernehmen. Wenn Sie mehrere Betriebsstätten haben oder die Arbeitsaufgabe auch mit Reisen oder Messeauftritten verbunden ist, nehmen Sie dies ebenfalls in den Vertrag auf. Die Höhe und Zusammensetzung der Vergütung ist in den Vertrag aufzunehmen, eine Beschreibung der Tätigkeit, Länge, Lage und Verteilung der Arbeitszeit, Umfang des Urlaubsanspruches, die einzuhaltenden Kündigungsfristen sowie gegebenenfalls die Anwendung von geltenden Tarifverträgen und Betriebsvereinbarungen (§ 2 Nachweisgesetz).

In der folgenden Checkliste sind die wichtigsten Bestandteile eines befristeten Arbeitsvertrags noch einmal übersichtlich zusammengefasst. Darüber hinaus finden Sie in Kapitel 11.5 das passende Vertragsmuster.

Checkliste: Was gehört in den befristeten Arbeitsvertrag?	✓
1.	Beginn und Ende des Arbeitsverhältnisses	
2.	Bei Befristung mit Sachgrund: Sachgrund sollte im Vertrag genannt werden	
3.	Regelung über (vorzeitige) Kündigungsmöglichkeit	
4.	Aufnahme einer Versetzungsklausel	
5.	Beschreibung der Tätigkeit	
6.	Länge, Lage und Verteilung der Arbeitszeit	
7.	Höhe und Zusammensetzung der Vergütung	
8.	Umfang des Urlaubsanspruchs	
9.	Kündigungsfristen	
10.	Ggf. Verweis auf Anwendung der geltenden Tarifverträge und Betriebsvereinbarungen	

Typische Fallen vermeiden

Falle 1: Der Vertrag wurde zunächst nur mündlich geschlossen.

Ein befristeter Arbeitsvertrag ist nur dann in seiner Befristung wirksam, wenn er schriftlich vor Arbeitsantritt abgeschlossen wurde. Deshalb müssen Sie prüfen, ob der Vertrag bei Arbeitsantritt von Ihnen und dem Arbeitnehmer unterzeichnet vorliegt. Weisen Sie Ihre Führungskräfte an, die befristet beschäftigten Arbeitnehmer erst dann an den Arbeitsplatz zu lassen, wenn Sie dies genehmigt haben.

Wurde der Arbeitsvertrag andernfalls nur mündlich geschlossen, ist er an sich zwar wirksam, allerdings ist die (mündlich) vereinbarte Befristung unwirksam.

Folge: Es handelt sich um einen unbefristeten Arbeitsvertrag.

Falle 2: Der Arbeitnehmer war schon einmal im Unternehmen tätig.

Erfolgt die Befristung sachgrundlos, ist also kein vom Teilzeit- und Befristungsgesetz (TzBfG) vorgegebener Sachgrund vorhanden, darf der Mitarbeiter zuvor noch nie in Ihrem Unternehmen beschäftigt gewesen sein (§ 14 Abs. 2 TzBfG).

Da Sie dies vielleicht nicht selbst klären können, z.B. weil die Personalakten nach einer bestimmten Frist vernichtet werden, sollte der befristet Beschäftigte vor Vertragsschluss eine Erklärung unterzeichnen, in der er bestätigt, bei Ihnen nicht vorbeschäftigt gewesen zu sein.

Eine solche Erklärung zur Vorbeschäftigung kann beispielsweise folgendermaßen aussehen:

»Ich, [Vorname, Name, Geburtsdatum], erkläre, dass ich in der Vergangenheit weder befristet noch unbefristet bei der Firma … noch bei deren Rechtsvorgänger in einem Arbeitsverhältnis gestanden habe.

[Unterschrift Arbeitnehmer]«

Wenn der Bewerber diese Erklärung unterschrieben hat, dann kann er sich später nicht auf das Gegenteil berufen. Er kann dann nicht geltend machen, die Befristung sei deshalb unwirksam, weil er früher schon einmal bei Ihnen tätig war. In einer solchen Vorgehensweise sehen die Arbeitsgerichte einen Rechtsmissbrauch.

Falle 3: Sie verlängern den befristeten Arbeitsvertrag.

Wenn der befristete Arbeitsvertrag verlängert, aber weiter befristet werden soll, muss dies vor Auslaufen der vorherigen Befristung schriftlich vereinbart sein. Im Zusammenhang mit der Verlängerung darf ansonsten keine Änderung des Arbeitsverhältnisses stattfinden. Sie dürfen weder die Vergütung ändern noch die Arbeitsaufgabe oder sonstige Bestandteile des Arbeitsvertrags.

Wenn der ursprüngliche Vertrag beispielsweise am 30.6 des Jahres ausläuft und Sie ihn mit Ihrem Mitarbeiter um weitere sechs Monate verlängern, dabei jedoch gleichzeitig eine Steigerung seines Monatseinkommens um 50 EUR als Ausdruck Ihrer Zufriedenheit mit der Arbeitsleistung vereinbaren, so verändern Sie den Arbeitsvertrag nicht nur in seiner Zeitdauer, sondern auch im Hinblick auf die Vergütung: Dies ist keine Verlängerung der alten, sondern der Abschluss einer neuen Vereinbarung.

Von einer Verlängerung kann nur gesprochen werden, wenn sich im Arbeitsvertrag nichts ändert als die Zeitdauer, für die er abgeschlossen wurde.

Wollen Sie dem Mitarbeiter im Rahmen der Befristung eine andere Tätigkeit zuweisen oder aber das Entgelt erhöhen, machen Sie das also nicht im Zusammenhang mit der Verlängerung des Arbeitsvertrags, sondern vorher oder nachher. Hierbei sollten Sie eine Frist von 4 bis 6 Wochen einhalten, um sich nicht dem Vorwurf des Rechtsmissbrauchs auszusetzen.

Falle 4: Sie überschreiten die Befristungsdauer.

Eine Befristung ohne Sachgrund ist nur für die Dauer von höchstens 24 Monaten zulässig (Rechtstand: April 2018). Ist die Befristung zunächst kürzer vereinbart, dann darf der Arbeitsvertrag bis zu dreimal verlängert werden, dabei ist aber immer die Maximaldauer von 24 Monaten (inklusive der Verlängerungen) zu beachten, § 14 Abs. 2 TzBfG.

Achten Sie streng darauf, dass der Mitarbeiter nicht über den Befristungszeitpunkt hinaus beschäftigt wird. Geschieht dies dennoch, dann entsteht ein mündliches Arbeitsverhältnis, das mangels Einhaltung der Schriftform nicht als befristet gelten kann, § 15 Abs. 5 TzBfG.

Informieren Sie außerdem den jeweiligen Vorgesetzten rechtzeitig, damit er darauf achtet, dass das Arbeitsverhältnis auch tatsächlich zu dem vorgesehenen Zeitpunkt endet und der Mitarbeiter über dieses Datum hinaus nicht beschäftigt wird. Der jeweilige Vorgesetzte sollte den Mitarbeiter dann nicht mehr an seinen Arbeitsplatz lassen, auch wenn dieser behauptet, dass der Arbeitsvertrag verlängert oder in ein unbefristetes Arbeitsverhältnis umgewandelt worden sei. Der Vorgesetzte sollte sich zunächst in der Personalabteilung versichern, ob die Angaben des Mitarbeiters auch stimmen.

Die Verlängerung eines befristeten Arbeitsvertrags bedeutet eine nahtlose Aneinanderreihung der Verträge. Eine Beendigung des ersten Vertrags beispielsweise zum 30. April eines Jahres und die Fortsetzung erst am 2. Mai desselben Jahres (etwa um das Feiertagsentgelt für den 1. Mai zu sparen) ist unzulässig, weil hier keine nahtlose Fortsetzung erfolgt, sondern eine Unterbrechung von einem Tag vorliegt. Dadurch ist ab dem 2. Mai ein neuer Arbeitsvertrag zustande gekommen. Es hat keine Verlängerung des alten zuvor bestehenden Vertrags stattgefunden. Dieser neue Vertrag ist dann daraufhin zu überprüfen, ob es einen Sachgrund für die neue Befristung ab 2. Mai gibt, den der Arbeitgeber auch nachweisen kann.

Wann dürfen Sie ein Arbeitsverhältnis befristen?

Mithilfe der folgenden vier Checklisten prüfen Sie die (arbeitsrechtliche) Zulässigkeit von befristeten Arbeitsverhältnissen. Dabei lassen sich vier Fälle unterscheiden. Prüfung der

1. formalen Voraussetzungen der Befristung,
2. Befristung ohne Sachgrund,
3. Verlängerung der Befristung ohne Sachgrund und
4. Befristung mit Sachgrund.

1. Prüfung der formalen Voraussetzungen der Befristung

Mit Hilfe der folgenden Checkliste prüfen Sie die allgemeinen Vorgaben der Befristung von Arbeitsverhältnissen. Wenn Sie die Fragen mit Ja beantworten, sind die formalen Voraussetzungen für eine Einstellung des Mitarbeiters mit einem befristeten Arbeitsvertrag erfüllt. Allerdings müssen Sie noch mit den nachfolgenden Checklisten prüfen, ob die Befristung selbst zulässig ist.

Checkliste: Ist die Befristung des Arbeitsverhältnisses zulässig?		✓	
Was müssen Sie prüfen?		Ja	Nein
1.	Liegen die Bewerbungsunterlagen vollständig vor?		
2.	Haben Sie den befristeten Vertrag vor Arbeitsantritt unterschrieben?		
3.	Hat der Arbeitnehmer den befristeten Arbeitsvertrag unterschrieben?		
4.	Liegt Ihnen der von beiden Seiten unterschriebene Arbeitsvertrag vor Arbeitsantritt vor?		
5.	Ist in dem Vertrag die vorzeitige Kündigungsmöglichkeit ausdrücklich vorgesehen?		
6.	Ist in dem Arbeitsvertrag das Ende der Befristung genau beschrieben?		
7.	Wurde der Betriebsrat vor Einstellung des befristeten Arbeitnehmers angehört?		
8.	Hat der Betriebsrat der Einstellung zugestimmt?		

2. Prüfung der Befristung ohne Sachgrund

Mit dieser Checkliste prüfen Sie, ob eine Befristung des Arbeitsvertrags ohne Sachgrund zulässig ist. Bei Beantwortung aller genannten Fragen mit Ja steht der Verlängerung des befristeten Arbeitsvertrags nichts mehr im Wege.

Checkliste: Befristung ohne Sachgrund	✓	
Was müssen Sie prüfen?	Ja	Nein
1. War der Bewerber noch nie in Ihrem Unternehmen als Arbeitnehmer tätig?		
2. Ist die Befristungsdauer von höchstens 24 Monaten genau eingehalten?		
3. Sind auch die formalen Voraussetzungen der Befristung erfüllt?		

3. Prüfung der Verlängerung der Befristung ohne Sachgrund

Mit dieser Checkliste prüfen Sie, ob eine Verlängerung der Befristung des Arbeitsvertrags ohne Sachgrund zulässig ist. Bei Beantwortung aller genannten Fragen mit Ja steht der Verlängerung des befristeten Arbeitsvertrags nichts mehr im Wege.

Checkliste: Verlängerung der Befristung ohne Sachgrund	✓	
Was müssen Sie prüfen?	Ja	Nein
1. Wurde die Verlängerungsvereinbarung von Ihnen vor dem Zeitpunkt der Verlängerung unterschrieben?		
2. Wurde die Verlängerungsvereinbarung von Ihrem Mitarbeiter vor dem Zeitpunkt der Verlängerung unterschrieben?		
3. Liegt Ihnen die von beiden Seiten unterzeichnete Verlängerungsvereinbarung vor?		
4. War der Bewerber vor der ersten Befristung noch nie in Ihrem Unternehmen als Arbeitnehmer tätig?		
5. War die vorhergehende Befristung kürzer als 24 Monate?		
6. Beträgt die Befristungsdauer zusammen mit den vorhergehenden Arbeitsverträgen höchstens 24 Monate?		
7. Schließt die Verlängerung nahtlos und ohne Unterbrechung an die vorhergehende Befristung an?		
8. Ändert sich zum Zeitpunkt der Verlängerung ausschließlich die Dauer des Arbeitsverhältnisses?		
9. Ist in dem Arbeitsvertrag das Ende der Befristung genau festgesetzt?		
10. Sind auch die formalen Voraussetzungen der Befristung erfüllt?		

4. Prüfung der Befristung mit Sachgrund

Mit dieser Checkliste prüfen Sie, ob eine Befristung des Arbeitsvertrags mit Sachgrund zulässig ist. Bei Beantwortung aller genannten Fragen mit Ja haben Sie einen wirksamen befristeten Arbeitsvertrag abgeschlossen.

Checkliste: Befristung mit Sachgrund		✓
Was müssen Sie prüfen?	Ja	Nein
1. Liegt ein genau definierter Sachgrund vor, der Sie ggf. auch berechtigen würde, das Arbeitsverhältnis zu kündigen?		
2. Lässt sich die Begründung der Befristung, der Sachgrund auch durch entsprechende Unterlagen belegen?		
3. Befinden sich diese Unterlagen oder ein Verweis hierauf in der Personalakte des Mitarbeiters?		
4. Sind auch die formalen Voraussetzungen der Befristung erfüllt?		

3 Extra: Wie Sie Scheinselbstständigkeit vermeiden

Die Scheinselbstständigkeit kann für Sie als Arbeitgeber ein großes und vor allem unkalkulierbares Problem werden. Deswegen sollte sie unbedingt vermieden werden.

Unter dem Begriff Scheinselbstständigkeit versteht man Arbeitsverhältnisse, die in ihrer vertraglichen Formulierung zwar eine selbstständige Tätigkeit des Mitarbeiters beschreiben, in denen der Mitarbeiter aber tatsächlich nicht selbstständig und frei tätig ist, sondern vielmehr tatsächlich in Abhängigkeit zum »Auftraggeber« steht.

Folgen der Scheinselbstständigkeit

Wenn durch das Arbeitsgericht im Rahmen eines Rechtsstreits des Mitarbeiters gegen Ihr Unternehmen oder die Deutsche Rentenversicherung Bund im Rahmen einer Betriebsprüfung festgestellt wird, dass Scheinselbstständigkeit vorliegt, bedeutet dies, dass der Mitarbeiter sozialversicherungsrechtlich als Arbeitnehmer gilt und das Unternehmen die Sozialversicherungsbeiträge nachträglich entrichten muss. Darüber hinaus muss gegebenenfalls auch nicht geleistete Lohnsteuer abgeführt werden, die Sie in Ihre Kalkulation nicht mit einbezogen haben.

Daneben droht Ihnen auch ein Ermittlungsverfahren der Steuerbehörden wegen Steuerhinterziehung, da die Beschäftigung eines Scheinselbstständigen als eine Form der Schwarzarbeit angesehen wird. Auch könnte es zu einem strafrechtlichen Ermittlungsverfahren der Staatsanwaltschaft kommen, da der Tatbestand des Vorenthaltens und Veruntreuens von Arbeitsentgelt (§ 266a StGB) verwirklicht sein könnte.

Darüber hinaus hat das Vorliegen der Scheinselbstständigkeit arbeitsrechtlich die Folge, dass der Mitarbeiter Kündigungsschutz hat, also das Vertragsverhältnis nicht ohne Weiteres von Ihnen gekündigt werden kann. Ferner hat der Mitarbeiter Anspruch auf Entgeltfortzahlung im Krankheitsfall und an Feiertagen sowie auf bezahlten Erholungsurlaub.

Arbeitsrechtliche Scheinselbstständigkeit

Das Bundesarbeitsgericht unterstellt das Vorliegen von Scheinselbstständigkeit und fordert die Anwendung der arbeitsrechtlichen Arbeitnehmerschutzgesetze, wenn der Mitarbeiter weisungsgebunden vertraglich geschuldete

Tätigkeiten im Rahmen einer vom Unternehmen bestimmten Arbeitsorganisation erbringt.

Für das Vorliegen einer Scheinselbstständigkeit im arbeitsrechtlichen Sinne sprechen folgende Indizien:

- Der Auftrag für den Mitarbeiter ist nur allgemein umschrieben, der Arbeitsumfang wird erst im Verlauf des Vertragsverhältnisses näher beschrieben.
- Der Mitarbeiter ist in zeitlicher, örtlicher und fachlicher Hinsicht nicht frei, sondern weisungsgebunden.
- Der Mitarbeiter ist in den Betrieb des Arbeitgebers eingegliedert wie die Mitarbeiter der Stammbelegschaft auch.
- Der Mitarbeiter ist in den betrieblichen Ablauf einbezogen (Pausenzeiten, Betriebs- und Belegschaftsversammlungen, Notwendigkeit der Urlaubsbeantragung etc.).
- Der Mitarbeiter wird nicht in Abhängigkeit seiner Dienstleistung vergütet, sondern bekommt ein festes Entgelt.
- Der Mitarbeiter bekommt von Ihnen Entgeltfortzahlung im Krankheitsfall sowie Urlaubs- und Feiertagsvergütung.
- Die Mitarbeiter muss seine Dienstleistung persönlich erbringen und darf sie nicht auf Andere übertragen.
- Der Mitarbeiter ist nicht unternehmerisch tätig, er trägt kein Unternehmerrisiko.

Wenn einzelne der oben genannten Punkte zutreffen, heißt dies noch nicht, dass Scheinselbstständigkeit tatsächlich vorliegt. Das Bundesarbeitsgericht nimmt immer eine so genannte Gesamtabwägung vor, es prüft alle Umstände und orientiert sich am Gesamtbild der Tätigkeit.

Folgen der arbeitsrechtlichen Scheinselbstständigkeit

Arbeitsrechtlich bedeutet die Feststellung der Scheinselbstständigkeit für die Vergangenheit, dass der Mitarbeiter für die Vergangenheit Urlaubsansprüche, Entgeltfortzahlung im Krankheitsfall und Ähnliches geltend machen kann. Dabei muss er allerdings Verjährungsfristen, gegebenenfalls auch Ausschlussfristen, die erheblich kürzer sind als Verjährungsfristen, beachten.

Arbeitnehmerschutzgesetze

Für die Zukunft müssen hinsichtlich des (vormals) Scheinselbstständigen die Arbeitnehmerschutzgesetze eingehalten werden, dabei müssen Sie als Arbeitgeber besonders das

- Arbeitszeitgesetz (Höchstarbeitszeit 10 Stunden pro Tag, 11 Stunden Ruhezeit zwischen Ende der Arbeit und Wiederaufnahme der Tätigkeit),

- Entgeltfortzahlungsgesetz (Entgeltfortzahlung im Krankheitsfall und an Feiertagen) und das
- Kündigungsschutzgesetz (die Beendigung des Vertragsverhältnisses durch Kündigung des Arbeitgebers muss sozial gerechtfertigt sein) beachten.

Ansprüche des Arbeitnehmers

Für die Zukunft wird der (zuvor freie) Mitarbeiter auch Entgeltfortzahlungsansprüche im Krankheitsfall und an Feiertagen geltend machen. Er wird bezahlten Erholungsurlaub fordern und mögliche weitere Leistungen, die Sie Ihren festen Mitarbeitern (freiwillig) zuerkennen, z.B. betriebliche Sonderzahlungen, Erfolgsprämien oder Ähnliches. Diese Belastungen haben Sie aber bei der ursprünglichen Kalkulation des Arbeitseinsatzes nicht mit einbezogen. Um sie zu vermeiden, sollten Sie das Risiko der Scheinselbstständigkeit also unbedingt minimieren.

Sozialversicherungsrechtliche Scheinselbstständigkeit

Von der arbeitsrechtlichen Beurteilung, ob eine Scheinselbstständigkeit vorliegt, muss die Frage unterschieden werden, ob für ein Beschäftigungsverhältnis auch Sozialversicherungsbeiträge geschuldet werden. Dies ist dann der Fall, wenn eine so genannte sozialversicherungsrechtliche Scheinselbstständigkeit vorliegt.

Liegt eine sozialversicherungsrechtliche Scheinselbstständigkeit vor?

Bis 31.12.2002 gab es in §7 Abs. 4 des vierten Sozialgesetzbuchs (SGB IV) geregelte Abgrenzungskriterien. Dabei ging das Gesetz davon aus, dass mindestens drei der genannten fünf Kriterien erfüllt sein müssen, damit Scheinselbstständigkeit vorliegt.

Diese Regelung ist zwar seit 1.1.2003 außer Kraft, die Sozialgerichte nutzen sie aber weiterhin als Indizien für die Abgrenzung, ob eine sozialversicherungsrechtliche Arbeitnehmereigenschaft vorliegt oder aber ein selbstständiges Vertragsverhältnis.

Indizien

Für das Vorliegen einer Scheinselbstständigkeit im sozialversicherungsrechtlichen Sinne sprechen folgende Indizien:
- Der Mitarbeiter beschäftigt im Zusammenhang mit seiner Tätigkeit regelmäßig keine Arbeitnehmer, die ein Entgelt oberhalb der Geringfügigkeitsgrenze erhalten.
- Der Mitarbeiter ist auf Dauer und im Wesentlichen nur für einen Auftraggeber tätig.

- Der Auftraggeber oder ein vergleichbarer Auftraggeber lässt entsprechende Tätigkeiten regelmäßig von bei ihm beschäftigten Arbeitnehmern erbringen.
- Die Tätigkeit des Mitarbeiters lässt typische Merkmale unternehmerischen Handelns nicht erkennen.
- Die Tätigkeit entspricht dem äußeren Erscheinungsbild nach der Tätigkeit, die der Mitarbeiter für denselben Auftraggeber zuvor aufgrund eines Beschäftigungsverhältnisses erbracht hat.

Sollten Sie Zweifel daran haben, ob eine selbstständige Tätigkeit vorliegt oder eine Scheinselbstständigkeit, können Sie bei der Deutschen Rentenversicherung Bund (DRV Bund) in Berlin ein sogenanntes Statusfeststellungsverfahren einleiten. Die DRV Bund teilt in diesem Rahmen zunächst mit, welche Entscheidung sie treffen will, damit Sie die Möglichkeit einer Stellungnahme haben. Danach erfolgt die Entscheidung selbst, die dann den Rechtsmitteln des Widerspruchs und dann gegebenenfalls der Klage offensteht.

Folgen der sozialversicherungsrechtlichen Scheinselbstständigkeit – Abführung der SV-Beiträge

Wenn festgestellt wird, dass sozialversicherungsrechtlichen Scheinselbstständigkeit vorliegt, folgt daraus, dass Sie als Arbeitgeber die Sozialversicherungsbeiträge für die Kranken-, Pflege-, Arbeitslosen- und Rentenversicherung abführen müssen. Dies gilt auch für die Vergangenheit! Der Zeitraum, für den Sie rückwirkend die Sozialversicherungsbeiträge leisten müssen, kann sich auf bis zu vier Jahre erstrecken. Dabei haben Sie sowohl die Arbeitgeberanteile abzuführen als auch die Arbeitnehmeranteile zu den jeweiligen Sozialversicherungszweigen. Die Arbeitnehmeranteile können Sie im Zweifel nur in geringem Umfang von dem betreffenden Arbeitnehmer zurückfordern. Dies kann nur bei den nächsten drei Entgeltzahlungen nachgeholt werden (§ 28g SGB IV).

4 So schützen Sie Ihre Firmen-geheimnisse

Besonders wenn Sie Mitarbeiter beschäftigen, die nicht fest angestellt sind, sollten Sie mit der Weitergabe von Geschäfts- und Betriebsgeheimnissen vorsichtig sein. Bei Arbeitnehmern, die auf Dauer bei Ihnen beschäftigt sind, wird die Gefahr des Geheimnisverrats grundsätzlich nicht so groß sein, weil sie nicht das Risiko einer verhaltensbedingten Kündigung eingehen wollen. Die Betriebstreue ist bei fest angestellten Mitarbeitern regelmäßig sehr groß, so dass hier keine besonderen Vorkehrungen gegen die Weitergabe von Firmengeheimnissen während der Zeit der Beschäftigung getroffen werden müssen.

Bei Fremdfirmen und befristet beschäftigten Mitarbeitern können Sie nicht immer das gleiche Vertrauensverhältnis voraussetzen, das Sie mit Ihren eigenen Mitarbeitern haben. Deshalb sollten Sie sich bei Vertragsformen, in denen es um befristete Tätigkeiten geht, besonders vor der Weitergabe von Betriebs- und Geschäftsgeheimnissen schützen.

Was sind Firmengeheimnisse?

Die juristische Fachliteratur und Rechtsprechung definiert den wettbewerbsrechtlichen Begriff des Geschäfts- oder Betriebsgeheimnisses als jede im Zusammenhang mit einem Geschäftsbetrieb stehende, nicht offenkundige, sondern nur einem begrenzten Personenkreis bekannte Tatsache, an deren Geheimhaltung der Unternehmensinhaber ein berechtigtes wirtschaftliches Interesse hat und die nach seinem bekundeten oder doch erkennbaren Willen auch geheim bleiben soll.

Als Unternehmer, sei es als Inhaber, Geschäftsführer oder Auftraggeber, können Sie also bis zu einem gewissen Grad selbst bestimmen, was in Ihrem Unternehmen als Geschäfts- und Betriebsgeheimnis angesehen wird, da es auch auf Ihren (wenigstens erkennbaren) Willen ankommt, dass eine Tatsache geheim bleiben soll.

Zur Orientierung, ob im wettbewerbsrechtlichen Sinne überhaupt ein Geschäfts- oder Betriebsgeheimnis in Betracht kommt, dient Ihnen die oben dargestellte Definition. Prüfen Sie also im Zweifelsfall, ob

- der Vorgang (Tatsache) im Zusammenhang mit Ihrem Geschäftsbetrieb steht,
- diese Tatsache nur einem begrenzten Personenkreis bekannt ist,

- Sie sich auf ein berechtigtes wirtschaftliches Interesse berufen können und
- Sie diese Tatsache auch tatsächlich geheim halten wollen.

Möglicherweise haben Sie aber auch mit Kunden zu tun, die Wert darauf legen, dass bestimmte Tatsachen vertraulich behandelt werden. Dies ist in der Praxis vor allem aus der wehrtechnischen Industrie bekannt.

Jede Tatsache, die im Zusammenhang mit Ihrem Geschäftsbetrieb steht, nur einem eng begrenzten Personenkreis bekannt sein darf und die Sie als geheimhaltungswürdig bezeichnen, ist ein Betriebsgeheimnis.

Ein guter Weg Ihren Willen kundzutun, dass bestimmte Informationen über Ihr Unternehmen nicht nach außen getragen werden sollen, ist, diese als vertraulich zu bezeichnen. In einem Gespräch stellen Sie beispielsweise den Hinweis voran, dass die Informationen aus dem Gespräch oder auch das Gespräch selbst vertraulich sind. Entsprechende Unterlagen versehen Sie mit dem Vermerk, dass es sich hier um ein Firmengeheimnis handelt, das vertraulich zu behandeln ist. Führungskräfte weisen Sie an, Ihre Mitarbeiter über die als vertraulich zu behandelnden Tatsachen, Abläufe etc. zu belehren.

4.1   Die strafrechtliche Verschwiegenheitspflicht

Der Verrat von Geschäfts- und Betriebsgeheimnissen ist strafbar (siehe §17 des Gesetzes gegen den unlauteren Wettbewerb (UWG)). Der Strafrahmen liegt bei einer Geldstrafe oder einer Freiheitsstrafe von bis zu drei Jahren, in besonders schweren Fällen bis zu fünf Jahren. Voraussetzung dafür ist:
- Das Geheimnis wurde durch eine in Ihrem Unternehmen beschäftigte Person verraten.
- Es handelt sich um ein Firmengeheimnis, das der Person im Rahmen seines Dienstverhältnisses bekannt geworden ist und anvertraut wurde.
- Der Verrat geschieht zu einem Zeitpunkt als das Dienstverhältnis (noch) bestand.
- Die Weitergabe des Betriebs- und Geschäftsgeheimnisses erfolgt zum Zweck des Wettbewerbs, aus Eigennutz oder um Ihrem Unternehmen zu schaden.

Diese Strafvorschrift greift nur, wenn das Geheimnis während des Bestandes des Mitarbeitervertrags weitergegeben wird. Etwas anderes gilt nur dann, wenn der Mitarbeiter sich die Firmengeheimnisse durch technische Mittel oder durch Wegnahme unbefugt verschafft hat. Dann liegt der Geheimnisverrat auch dann vor, wenn er nach Ende des Vertragsverhältnisses erfolgt ist.

Ein Verrat eines Geschäfts- oder Betriebsgeheimnisses liegt nicht vor, wenn ein ausgeschiedener Mitarbeiter im Rahmen seiner Beschäftigung bei Ihnen berechtigterweise Kenntnis von einem Firmengeheimnis erlangt hatte und dieses Wissen zu einem neuen Arbeitgeber »mitnimmt« und dort gegebenenfalls für sich selbst verwertet. Dies wird nach einhelliger Ansicht in juristischer Literatur und Rechtsprechung so gehandhabt, da der Mitarbeiter andernfalls seinen Arbeitgeber de facto nicht wechseln könnte, ohne sich in der Zukunft strafbar zu machen, was einem mit dem Grundgesetz nicht zu vereinbarenden Berufsverbot gleichkäme. Berechtigterweise erworbenes Wissen und gesammelte Erfahrung kann bei einem Arbeitsplatzwechsel nicht einfach aus dem Kopf des Mitarbeiters gelöscht werden.

4.2 Die vertragliche Verschwiegenheitspflicht

Da die gesetzliche Verschwiegenheitspflicht bzw. die Strafbarkeit im Fall ihrer Verletzung nicht besonders umfangreich ist, müssen arbeitsvertragliche Vorkehrungen getroffen werden, um die Firmengeheimnisse wirksam zu schützen.

Die Verschwiegenheitspflicht des Arbeitnehmers gilt grundsätzlich auch ohne ausdrückliche Erwähnung. Da dies aber häufig nicht ausreichend ist, sollten Sie eine gesonderte Vereinbarung treffen und Ihren Vertragspartner eine besondere Verpflichtungserklärung abgeben lassen.

Erklären Sie Ihrem potentiellen Vertragspartner im Vorfeld also, dass Sie mit ihm nur dann zusammenarbeiten wollen, wenn er eine Verpflichtungserklärung zum Schutz der Betriebs- und Geschäftsgeheimnisse abgibt.

Verschwiegenheitspflicht auch für Dritte

Soweit der Vertragspartner nicht selbst tätig wird, sondern Dritte zur Vertragserfüllung einsetzt, müssen Sie darauf achten, dass er auch diese zur entsprechenden Vertraulichkeit und Verschwiegenheit verpflichtet. Dies ist z. B. der Fall, wenn die Fremdfirma entweder eigene Arbeitnehmer einsetzt oder aber ihrerseits einen sogenannten Subunternehmer mit der Durchführung der Arbeiten beauftragt. In beiden Fällen müssen beteiligte Dritte ebenfalls entsprechende Verpflichtungserklärungen abgeben und unterzeichnen, die Sie sich vorlegen lassen.

Die arbeitsvertragliche Verschwiegenheitspflicht

Während das Arbeitsverhältnis besteht, ist jeder Arbeitnehmer verpflichtet, Geschäfts- und Betriebsgeheimnisse zu wahren, er darf sie nicht unbefugt an Dritte weitergeben. Hier kommt es nicht darauf an, wie der Arbeitnehmer an die Firmengeheimnisse gekommen ist. Es spielt keine Rolle, ob der Arbeitnehmer sie im Zusammenhang mit seiner Tätigkeit erfahren hat oder nicht. Es ist also unerheblich, ob er privat davon Kenntnis erlangt hat oder sich auf unlautere Weise die entsprechenden Informationen verschafft hat.

Treuepflicht

Der Arbeitnehmer ist aufgrund der so genannten arbeitsvertraglichen Treuepflicht an die Bewahrung der Geschäfts- und Betriebsgeheimnisse gebunden. Es ist dabei nicht von Belang, was der Arbeitnehmer mit den Geheimnissen anfangen will. Im Gegensatz zu dem strafrechtlichen Geheimnisverrat, der eine Verwertungsabsicht voraussetzt, kommt es im Arbeitsrecht auf die Verwertung der Geheimnisse nicht an.

Nach Ende des Arbeitsverhältnisses ist der Arbeitnehmer unter gewissen Einschränkungen berechtigt, Firmen- und Geschäftsgeheimnisse für sich zu verwerten. Dies ist z. B. dann der Fall, wenn der (frühere) Arbeitnehmer die entsprechenden Daten selbst redlich, also rechtlich unbedenklich erworben hat und sie im Rahmen seiner neuen Aufgabe auch zulässigerweise verwerten kann. Der Arbeitnehmer darf die vertraulichen Informationen für sich selbst verwerten, er darf sie aber nicht weitergeben.

Der Außendienstmitarbeiter, der seinen Arbeitgeber wechselt, darf beispielsweise die ihm im Zusammenhang mit seiner Tätigkeit bekannt gewordene Kundenliste in der Weise nutzen, dass er seine ehemaligen Kunden im Auftrag des neuen Arbeitgebers besucht und gegebenenfalls abwirbt. Aber: Er darf die Kundenliste nicht an seinen neuen Arbeitgeber weitergeben.

Auch nach Ende des Arbeitsverhältnisses besteht die Verschwiegenheitspflicht des Arbeitnehmers also grundsätzlich, so lange sie ihn nicht an der zulässigen Ausübung einer anderen beruflichen Tätigkeit hindert. Insbesondere aber besteht die Verschwiegenheitspflicht dann, wenn er von dem (früheren) Arbeitgeber darauf aufmerksam gemacht wurde, wenn er hierzu verpflichtet wurde.

Verpflichtet sich der Mitarbeiter also, Stillschweigen zu bewahren bezüglich aller ihm bekannt gewordenen betrieblichen Vorgänge, gilt die Geheimhaltungspflicht auch nach Beendigung des Arbeitsverhältnisses fort. In diesem Fall muss der Arbeitnehmer sich selbstverständlich an die Geheimhaltungspflicht halten.

Von der arbeitsvertraglichen Verschwiegenheitspflicht ist das so genannte nachvertragliche Wettbewerbsverbot zu unterscheiden. Mit dieser Regelung im Arbeitsvertrag verpflichtet sich der Arbeitnehmer, für einen bestimmten Zeitraum nicht mit seinem früheren Arbeitgeber in Wettbewerb zu treten (siehe dazu Kapitel 4.5).

Die sonstigen vertraglichen Verschwiegenheitspflichten
Im Unterschied zu den Arbeitsverträgen gibt es in den anderen Vertragsverhältnissen mit Mitarbeitern ohne Festanstellung keine Treuepflicht, die so weit gehen würde, dass Firmengeheimnisse auch während der Dauer des Vertragsverhältnisses automatisch geschützt würden. Deshalb muss eine Verschwiegenheitspflicht in all diesen Vertragsverhältnissen ausdrücklich vereinbart werden.

Nehmen Sie eine Regelung zur Verschwiegenheitspflicht in den jeweiligen Vertrag auf, gegebenenfalls mit einer Vertragsstrafenandrohung, also einer Regelung, dass bei Verstoß gegen die Verschwiegenheitspflicht ein bestimmter Geldbetrag an Sie zu zahlen ist.

Eine solche vertragliche Regelung zur Verschwiegenheitspflicht kann beispielsweise folgendermaßen lauten:

> »Der Auftragnehmer ist verpflichtet, über die Verhältnisse des Auftraggebers, insbesondere die Informationen und Ergebnisse, die dem Geschäfts- und Betriebsgeheimnis unterliegen, Stillschweigen zu bewahren. Dies gilt auch für die Zeit nach Beendigung des Vertragsverhältnisses.
> Für jeden Fall des Verstoßes gegen diese Vereinbarung verpflichtet sich der Auftragnehmer, eine Vertragsstrafe in Höhe von … EUR zu bezahlen. Unberührt davon ist das Recht des Auftraggebers, weitergehenden Schadenersatz geltend zu machen.«

Vertragsstrafe und Schadenersatz
Die Vertragsstrafe ist bereits dann zur Zahlung fällig, wenn Sie dem Mitarbeiter den Geheimnisverrat nachweisen können. Einen daraus zusätzlich entstandenen Schaden müssen Sie erst dann nachweisen, wenn Sie diesen Schaden ersetzt haben wollen. Vertragsstrafe und Schadenersatz stehen nebeneinander:

- Die Vertragsstrafe wird fällig, wenn der Mitarbeiter gegen seine Verschwiegenheitspflicht verstößt.
- Der Schadenersatz wird dann fällig, wenn Sie nachweisen, dass Ihnen durch den Pflichtverstoß (Geheimnisverrat) ein Schaden entstanden ist.

4.3 Wie schützen Sie sich wirksam vor Geheimnisverrat?

Mit welchen Abteilungen kommt der Mitarbeiter in Berührung? Zutrittsbeschränkung

Zunächst einmal ist von Ihnen zu prüfen, ob der Mitarbeiter ohne Festanstellung bei der Ausführung der von ihm geforderten Tätigkeiten überhaupt mit Firmengeheimnissen in Berührung kommt. Wenn dies nicht der Fall ist, teilen Sie Ihrem Mitarbeiter mit, zu welchen Bereichen und Abteilungen Ihres Unternehmens er Zutritt hat und zu welchen nicht. Diese Maßnahme schützt Sie vorbeugend gegen den Verrat von Geschäfts- und Betriebsgeheimnissen.

Eine solche Mitteilungspflicht sollte Ihrem Mitarbeiter gegenüber schriftlich erfolgen und kann beispielsweise folgendermaßen lauten:

> »Im Rahmen Ihrer Tätigkeiten bei uns sind Sie berechtigt, sich in folgenden Bereichen unseres Betriebes aufzuhalten:
>
> In der Produktion und im Werkzeugbau.
>
> Der Zutritt zu anderen Bereichen ist Ihnen nur in Begleitung von Herrn XX aus der Abteilung Werkschutz gestattet.
>
> [Unterschrift]«

Wenn der Mitarbeiter für seine Tätigkeit Ihr EDV-System nutzen muss, sperren Sie über Ihre IT-Abteilung die Bereiche, die für die Tätigkeit des Mitarbeiters irrelevant sind, die er für die Ausführung seiner Tätigkeit nicht benötigt.

Weisen Sie Ihre Mitarbeiter in Abteilungen mit Kontakt zu Geschäfts- und Betriebsgeheimnissen an, dass sie keine fremden Personen ohne ausdrückliche Genehmigung in die jeweiligen Räume eintreten lassen.

Zur leichteren Überprüfung führen Sie beispielsweise Besucher- und Zutrittsausweise für Ihr Unternehmen bzw. bestimmte Abteilungen ein. Unterscheiden Sie z.B. mit der Farbe des Ausweises, wer sich nur mit Begleitung eines Firmenangehörigen in Ihrem Betrieb aufhalten darf und wer sich auch ohne Begleitung frei bewegen darf.

Verschwiegenheitsverpflichtung in den Vertrag aufnehmen

Wenn der Mitarbeiter mit Betriebs- und Geschäftsgeheimnissen aufgrund seiner Arbeitsaufgaben in Berührung kommt, müssen Sie mit ihm ausdrücklich eine Verschwiegenheitsverpflichtung treffen. Nach Ende des Vertragsverhältnisses beobachten Sie, ob bei Ihren Wettbewerbern, Ihren Kunden oder Lieferanten, bestimmte Informationen auftauchen, von denen sie nur über den (ehemaligen) Mitarbeiter wissen können. Dies ist in der Praxis natürlich sehr schwierig. Möglicherweise werden Sie den Mitarbeiter nach Ende des Vertragsverhältnisses gar nicht im Auge behalten können. Er wird Ihnen möglicherweise auch gar nicht von seinen beruflichen Plänen berichten. Deshalb ist die Einhaltung einer Verschwiegenheitsregelung in der Praxis nur sehr schwer zu kontrollieren. Dennoch sollten Sie solche Vereinbarungen treffen. Denn so erkennt der Mitarbeiter, dass Sie großen Wert auf die Einhaltung der Verschwiegenheitsverpflichtung legen.

Üblicherweise halten sich Mitarbeiter an die Verschwiegenheitsverpflichtung. Und sei es vielleicht auch nur deshalb, weil sie nach Abschluss der Tätigkeiten einen Anschlussauftrag haben und zeigen wollen, dass sie auch in den Bereichen der so genannten Nebenpflichten des Vertrags vertrauenswürdig sind und die Vereinbarungen ernst nehmen.

4.4 Das nachvertragliche Wettbewerbsverbot

Grundsätzlich können Beschäftigte nach Ende des Arbeitsverhältnisses mit Ihrem früheren Unternehmen in Wettbewerb treten. Dies entspricht dem grundgesetzlich gewährten Schutz der freien Berufsausübung. Allerdings kann ein Mitarbeiter unter bestimmten Voraussetzungen auf dieses Recht verzichten.

Deswegen gibt es die Möglichkeit, ein so genanntes nachvertragliches Wettbewerbsverbot mit dem früheren Mitarbeiter zu vereinbaren. Bei Vereinbarung eines solchen nachvertraglichen Wettbewerbsverbots ist es dem Mitarbeiter untersagt, für einen Zeitraum von bis zu zwei Jahren nach Ende des Arbeitsverhältnisses dem früheren Arbeitgeber Konkurrenz zu machen, also mit ihm in den Wettbewerb zu treten.

Sie können vereinbaren, dass der frühere Mitarbeiter weder ein Arbeitsverhältnis mit einem Wettbewerber eingehen darf, noch als Selbstständiger Ihnen Wettbewerb macht oder sich gesellschaftsrechtlich an einem Wettbewerber beteiligt.

In Kapitel 11.6 finden Sie ein Muster für ein nachvertragliches Wettbewerbsverbot.

Wirksamkeit des Wettbewerbsverbots – Karenzgeld
Voraussetzung für die Wirksamkeit eines solchen nachvertraglichen Wettbewerbsverbotes ist zunächst, dass es schriftlich abgeschlossen wurde. Außer-

dem müssen Sie sich verpflichten, dem Arbeitnehmer für die Dauer der Geltung dieses Wettbewerbsverbotes eine sogenannte Karenzentschädigung zu bezahlen. Diese muss zu mindestens 50% der zuletzt erhaltenen Vergütung des Arbeitnehmers entsprechen. Damit wird dem Mitarbeiter der Verzicht auf sein Recht der freien Berufsausübung wirtschaftlich ausgeglichen.

Ebenso wie bei der vertraglichen Verschwiegenheitspflicht ist es auch beim Wettbewerbsverbot sehr schwierig, seine Einhaltung zu überprüfen. Deshalb sollten Sie genau überlegen, ob und gegebenenfalls für welche Arbeitsbereiche und Positionen in Ihrem Unternehmen ein nachvertragliches Wettbewerbsverbot wirklich notwendig und sinnvoll ist.

Prüfen Sie: Ist das Wettbewerbsverbot wirklich notwendig?
Wegen der mangelnden Kontrollmöglichkeit des Wettbewerbsverbots sollten Sie sorgfältig prüfen, ob dieses Verbot tatsächlich notwendig ist. Hat der Mitarbeiter bei Ihnen Kenntnisse erworben, die Ihnen im Fall seiner möglichen Beschäftigung bei der Konkurrenz schaden würden? Lohnt sich die Zahlung einer Karenzentschädigung vor dem wirtschaftlichen Hintergrund wirklich? Oftmals stellt man zum Ende eines Vertragsverhältnisses fest, dass ein Wettbewerbsverbot keinen großen Sinn macht. Deshalb sollten Sie vor dem Ende des Vertragsverhältnisses prüfen, ob Sie auf das Wettbewerbsverbot noch Wert legen.

Verzichterklärung
Wenn Sie mit einem Beschäftigten ein nachvertragliches Wettbewerbsverbot vereinbart haben, können Sie vor dem Ende des Arbeitsverhältnisses einseitig auf die Einhaltung verzichten. Diese Verzichtserklärung erfolgt schriftlich gegenüber dem Mitarbeiter.

Eine solche einseitige Verzichtserklärung zum Wettbewerbsverbot kann beispielsweise folgendermaßen lauten:

»Sehr geehrte/r Herr/Frau … [Mitarbeiter],

wir verzichten hiermit mit sofortiger Wirkung auf die Einhaltung des am … vereinbarten nachvertraglichen Wettbewerbsverbotes.
Bitte bestätigen Sie uns dem Empfang dieses Schreibens.
Mit freundlichen Grüßen

[Unterschrift]«

Wenn der Arbeitgeber auf die Einhaltung des Wettbewerbsverbots verzichtet, bedeutet dies, dass der Arbeitnehmer für 12 Monate ab Zugang des Verzichtsschreibens die Wahl hat: Entweder hält er das Wettbewerbsverbot ein und macht seinen Anspruch auf die Karenzentschädigung geltend oder er tritt in Wettbewerb mit dem (früheren) Arbeitgeber und verzichtet auf die Karenzentschädigung.

Selbstverständlich darf der Arbeitnehmer erst nach Ende des Arbeitsverhältnisses mit dem Arbeitnehmer in Wettbewerb treten. Entsprechend besteht auch der Anspruch auf die Karenzentschädigung auch erst nach Ende des Arbeitsverhältnisses. Es gilt also rechtzeitig zu prüfen, ob Sie auf ein vereinbartes nachvertragliches Wettbewerbsverbot noch Wert legen, wenn Sie beabsichtigen, sich von einem Mitarbeiter zu trennen, mit dem Sie ein nachvertragliches Wettbewerbsverbot vereinbart haben.

5 Die Zusammenarbeit mit dem Betriebsrat

Wenn es in Ihrem Unternehmen einen Betriebsrat gibt, müssen Sie ihn nach den Regelungen des Betriebsverfassungsgesetzes (BetrVG) in unterschiedlicher Weise an Ihren betrieblichen Entscheidungen beteiligen. Dabei hängt der Umfang der Beteiligungsrechte des Betriebsrats vor allem davon ab, welche Vertragsart Sie wählen, um einen Mitarbeiter ohne Festanstellung tätig werden zu lassen.

Beziehen Sie den Betriebsrat in die Personalplanung ein!
Grundsätzlich ist der Betriebsrat in die Personalplanung einzubeziehen (§ 92 BetrVG). Dies gilt unabhängig von dem geplanten Beschäftigungsverhältnis und der Vertragsform. Deswegen sollten Sie den Betriebsrat über Ihre Personalentscheidungen und den Personalbedarf unterrichten und diese betrieblichen Fragen mit ihm beraten. Dabei wird auch zu besprechen sein, wie der Personalbedarf abgedeckt wird im Hinblick auf

- den Einsatzbereich des zu suchenden Personals,
- den Umfang der Arbeitsaufgaben,
- die Zeitdauer der Tätigkeiten,
- die vertragliche Bindung der einzusetzenden Mitarbeiter,
- die Auswirkung auf die Stammbelegschaft.

Unterrichtungsanspruch des Betriebsrats
Es handelt sich bei diesem Mitwirkungsrecht »nur« um einen Unterrichtungsanspruch und ein Beratungsrecht des Betriebsrates. Der Betriebsrat kann Sie nicht zu einer bestimmten Umsetzung der Personalplanung zwingen. Ob Sie einen Zeitarbeitnehmer, ein selbständiges Unternehmen oder einen »eigenen« Mitarbeiter einstellen, ist Ihre Entscheidung, der Betriebsrat hat hier kein rechtlich erzwingbares Mitentscheidungsrecht.

5.1 Beteiligungsrechte bei dem Einsatz freier Mitarbeiter

Freie Mitarbeiter sind nicht in den Betriebsablauf eingegliedert, sie üben ihre Tätigkeit selbstständig aus. Sie sind keine Arbeitnehmer Ihres Betriebes. Deswegen ist der Betriebsrat nur sehr eingeschränkt zu beteiligen, wenn Sie freie Mitarbeiter beschäftigen.

Was Sie dem Betriebsrat mitteilen müssen

Sie teilen dem Betriebsrat mit, für welche Arbeiten Sie die den freien Mitarbeiter einsetzen. Hier erläutern Sie dem Betriebsrat auch, warum Sie einen freien Mitarbeiter einsetzen und nicht einen eigenen Mitarbeiter. Weiter nennen Sie dem Betriebsrat die Tatsachen, die die Beschäftigung zu einem freien Mitarbeiterverhältnis machen. Sie müssen dem Betriebsrat darstellen, warum es sich hier nicht um ein Beschäftigungsverhältnis handelt, bei dem er ein weitergehendes Mitbestimmungsrecht hätte.

Wie der Betriebsrat reagieren kann – Einsicht in die Unterlagen

Der Betriebsrat kann von Ihnen die Unterlagen verlangen, aufgrund derer Sie den freien Mitarbeiter einsetzen. Der Betriebsrat muss prüfen können, ob es sich tatsächlich nur um eine freie Mitarbeit handelt oder aber um eine möglicherweise unzulässige Arbeitnehmerüberlassung.

Weiter muss der Betriebsrat überprüfen können, ob der freie Mitarbeiter so eingesetzt wird, dass er in den Betriebsablauf Ihres Unternehmens integriert ist. In diesem Fall würde es sich nämlich um eine Einstellung im Sinne des § 99 BetrVG handeln. Dies hätte zur Folge, dass Sie den Mitarbeiter nur dann beschäftigen dürften, wenn die Zustimmung des Betriebsrats vorliegt.

Der Betriebsrat kann diese Auskunft im Zweifel auch gerichtlich gegen Sie durchsetzen. Da Sie die Kosten eines gerichtlichen Verfahrens zu tragen haben und auch die Kosten des Rechtsanwalts Ihres Betriebsrats erstatten müssen, ist es sinnvoll, eine solche Auseinandersetzung möglichst zu vermeiden.

Es gilt hier ein alter Grundsatz: Je besser und ausführlicher Sie den Betriebsrat über die geplante Beschäftigung informieren, desto geringer ist das Risiko, dass der Betriebsrat Ihnen misstraut und gegebenenfalls den Weg zum Arbeitsgericht beschreitet, um ergänzende Auskünfte von Ihnen zu erlangen.

5.2 Beteiligungsrechte bei dem Einsatz von Zeitarbeitern

Der Zeitarbeitnehmer wird in Ihr Unternehmen integriert, er wird in den Betriebsablauf eingegliedert. Er arbeitet wie Ihre eigenen Beschäftigten mit dem einzigen Unterschied, dass Sie nicht sein rechtlicher Arbeitgeber sind. Sein Arbeitgeber ist das Zeitarbeitsunternehmen.

Da aber der Zeitarbeitnehmer im Hinblick auf die Arbeitsleistung Ihren Mitarbeitern gleichgestellt ist, hat Ihr Betriebsrat über § 14 Abs. 3 AÜG ein Mitbestimmungsrecht nach §99 BetrVG. Dies bedeutet, dass Sie den Betriebsrat zur Einstellung anhören müssen und nur mit dessen Zustimmung den Zeitarbeitnehmer beschäftigen dürfen.

Was Sie dem Betriebsrat mitteilen müssen

Sie informieren den Betriebsrat darüber, an welchem Arbeitsplatz Sie den Zeitarbeitnehmer einsetzen werden, warum Sie dies tun müssen und für welchen Zeitraum der Einsatz geplant ist. Da Sie in den meisten Fällen den Zeitarbeitnehmer selbst noch nicht kennen, können Sie diese Information natürlich auch nicht an den Betriebsrat geben. Deshalb reicht es aus, dass Sie dem Betriebsrat die Meldung über die konkrete Person nachreichen, sobald Sie Ihnen bekannt ist und Sie von dem Zeitarbeitsunternehmen informiert worden sind.

Vorlage des Zeitarbeitsvertrags

Weiter müssen Sie dem Betriebsrat den mit dem Zeitarbeitsunternehmen abgeschlossenen Zeitarbeitsvertrag vorlegen. So kann der Betriebsrat prüfen, ob die Voraussetzungen für eine ordnungsgemäße Arbeitnehmerüberlassung vorliegen.

Wie der Betriebsrat reagieren kann

Der Betriebsrat hat eine Frist von einer Woche, um eine Stellungnahme abzugeben.

Der Betriebsrat kann der Einstellung ausdrücklich zustimmen, indem er Ihnen mitteilt, dass er mit der Einstellung einverstanden ist. Der Betriebsrat kann die ihm eingeräumte Wochenfrist auch einfach verstreichen lassen. In diesem Fall gilt die Zustimmung ebenfalls als erteilt.

Widerspricht der Betriebsrat erst nach Ablauf der Wochenfrist, müssen Sie auf diesen Widerspruch nicht reagieren, denn mit Ablauf der Wochenfrist gilt die Zustimmung als erteilt. Diese »automatische« Zustimmung kann nicht nachträglich zurückgenommen werden.

Aus welchen Gründen kann der Betriebsrat widersprechen?

Der Betriebsrat kann aber auch der Einstellung des Zeitarbeitnehmers widersprechen. Das Gesetz nennt allerdings nur wenige Gründe, aus denen der Betriebsrat widersprechen darf. Im Folgenden sind sechs Gründe, die einen Widerspruch des Betriebsrats gegen die Einstellung eines Zeitarbeitnehmers rechtfertigen, genannt. Weitere Gründe werden im Betriebsverfassungsgesetz nicht genannt.

Grund 1: Verstoß gegen ein Gesetz oder eine Verordnung. Die Einstellung verstößt gegen ein Gesetz, eine Verordnung, eine Unfallverhütungsvorschrift, einen Tarifvertrag oder eine Betriebsvereinbarung. So kann z.B. das Zeitarbeitsunternehmen nicht über die entsprechende behördliche Erlaubnis zur Arbeitnehmerüberlassung verfügen. In einigen Unternehmen besteht eine Betriebsvereinbarung, die eine Höchstquote für Zeitarbeitnehmer enthält. Wird diese Quote durch die Neueinstellung eines Zeitarbeitnehmers überschritten, kann der Betriebsrat auch hier widersprechen.

Grund 2: Verstoß gegen eine Personalauswahlrichtlinie. Die Einstellung verstößt gegen eine Personalauswahlrichtlinie, die Sie zuvor mit dem Betriebsrat vereinbart hatten. Das trifft z.B. zu, wenn Sie mit dem Betriebsrat vereinbart haben, dass freiwerdende Arbeitsplätze nicht mit Zeitarbeitnehmern besetzt werden, sondern mit ehemaligen Beschäftigten. Oder: Sie haben mit dem Betriebsrat vereinbart, Auszubildende nach Ende der Ausbildungzeit in ein Arbeitsverhältnis zu übernehmen. Dies wäre durch die Beschäftigung von Zeitarbeitnehmern nicht mehr möglich.

Grund 3: Einstellung zu Lasten eines Arbeitnehmers. Die Einstellung führt zu einer Kündigung eines anderen Beschäftigten Ihres Betriebes oder zu ungerechtfertigten Nachteilen. Das könnte z.B. der Fall sein, wenn Sie aus Kostengründen einen Beschäftigten betriebsbedingt kündigen wollen, um auf den dann freiwerdenden Arbeitsplatz einen Zeitarbeitnehmer einzusetzen.

Grund 4: Benachteiligung des Zeitarbeitnehmers. Die Einstellung benachteiligt die einzustellende Person unangemessen. Hier gibt es keine Beispiele, weil die Einstellung selbst den betroffenen Mitarbeiter nicht benachteiligen kann. Denn der Mitarbeiter will ja im Auftrag des Zeitarbeitsunternehmens bei Ihnen arbeiten.

Grund 5: Stelle wurde innerbetrieblich nicht ausgeschrieben. Die Stelle, die der Zeitarbeitnehmer besetzen soll, wurde nicht innerbetrieblich ausgeschrieben, obwohl der Betriebsrat dies zuvor verlangt hatte. Der Betriebsrat kann nach §93 BetrVG von Ihnen verlangen, dass alle oder bestimmte Arbeitsplätze, die Sie zukünftig besetzen wollen, innerbetrieblich ausgeschrieben werden. Haben Sie dies nicht getan, ist allein dieser Formverstoß ein Grund, der den Betriebsrat berechtigt, die Zustimmung zur Einstellung zu verweigern.

Grund 6: Eine Störung des Betriebsfriedens ist absehbar. Es besteht die begründete Besorgnis, dass der einzustellende Arbeitnehmer den Betriebsfrieden stören könnte, insbesondere durch rassistische und fremdenfeindliche Betätigung. So könnte z.B. Ihr Betriebsrat von einem anderen Unternehmen erfahren haben, dass dort der Zeitarbeitnehmer ausgeschieden sei, weil er ausländische Beschäftigte beleidigt und diskriminiert habe, und teilt Ihnen das mit.

Entscheidung über die Einstellung durch das Arbeitsgericht
Hat der Betriebsrat aus Ihrer Sicht aus unzulässigen Gründen der Einstellung widersprochen oder aber sind die von ihm angegebenen Gründe unzutreffend, können Sie die Zustimmung des Betriebsrats durch das Arbeitsgericht ersetzen lassen. Vor dem Arbeitsgericht wird dann darüber verhandelt, welche Gründe den Betriebsrat zum Widerspruch bewogen haben, ob diese berechtigt sind oder nicht berücksichtigt werden dürfen. Wenn das Arbeitsgericht Ihrem Antrag rechtskräftig stattgegeben hat, ersetzt die gerichtliche Entscheidung die Zustimmung des Betriebsrats und Sie können die Einstellung vornehmen.

Da aber das Verfahren vor dem Arbeitsgericht einige Zeit in Anspruch nehmen kann und in diesem Zeitraum die Zustimmung des Betriebsrats nicht vorliegt, können Sie die Einstellung zu dem geplanten Zeitpunkt auch nicht vornehmen.

Wenn Sie die Stelle aber dringend besetzen müssen, können Sie eine so genannte vorläufige Personalmaßnahme durchführen. Sie teilen dem Betriebsrat mit, dass Sie mit seinem Widerspruch nicht einverstanden sind und aus dringenden Gründen dennoch den Zeitarbeitnehmer einstellen. Diese dringenden Gründe teilen Sie dem Betriebsrat ebenfalls so detailliert als möglich mit.

Auch gegen die Durchführung dieser vorläufigen Personalmaßnahme kann der Betriebsrat widersprechen. Dies muss er unverzüglich, d.h. ohne schuldhaftes Zögern tun und Ihnen mitteilen.

Nach Mitteilung des Widerspruchs des Betriebsrats gegen die vorläufige Personalmaßnahme haben Sie drei Kalendertage Zeit, um auch in diesem Fall das Arbeitsgericht anzurufen. Versäumen Sie diese Frist, dann kann der Betriebsrat jederzeit kurzfristig die von Ihnen vorgenommene vorläufige Personalmaßnahme, wieder unter Zuhilfenahme des Arbeitsgerichts, beenden lassen.

Während der Verhandlungsdauer vor dem Arbeitsgericht dürfen Sie aber die vorläufige personelle Maßnahme, die Beschäftigung des Zeitarbeitnehmers, durchführen.

Die folgende Checkliste zeigt Ihnen, welche Informationen Sie dem Betriebsrat geben müssen, um ihn ordnungsgemäß anzuhören.

Checkliste: Anhörung des Betriebsrats zur Einstellung von Zeitarbeitnehmern	✓	
Was müssen Sie prüfen?	Ja	Nein
1. Mitteilung über Beginn der Arbeitnehmerüberlassung		
2. Mitteilung über Name und Sitz des Zeitarbeitsunternehmens		
3. Vorlage der Arbeitnehmerüberlassungserlaubnis des Zeitarbeitsunternehmens		
4. Mitteilung über Anzahl und angeforderte Qualifikation des Zeitarbeitnehmers		
5. Mitteilung über Grund des Einsatzes des Zeitarbeitnehmers		
6. Mitteilung über Dauer des Einsatzes des Zeitarbeitnehmers		
7. Vorlage des Arbeitnehmerüberlassungsvertrags		
8. Mitteilung, dass Name und persönliche Daten des Zeitarbeitnehmers nachgereicht werden, sobald sie Ihnen bekannt sind		
9. Mitteilung sonstiger Informationen, die mit der Beschäftigung des Zeitarbeitnehmers in Zusammenhang stehen, die sich aus den Unterlagen nicht ergeben		
10. Aufforderung an den Betriebsrat zur Stellungnahme		

5.3 Beteiligungsrechte bei dem Abschluss eines Werkvertrags

Beim Abschluss eines Werkvertrags hat der Betriebsrat grundsätzlich kein Mitbestimmungsrecht. Vor allem weil es sich bei dem Tätigwerden des Mitarbeiters der Drittfirma nicht um die Einstellung eines Arbeitnehmers handelt, ist keine Zustimmung der Arbeitnehmervertretung erforderlich. Der Betriebsrat kann den Abschluss eines Werkvertrags nicht verhindern. Er hat aber bestimmte Informationsrechte.

Was Sie dem Betriebsrat mitteilen müssen – Informationsrechte
Sie teilen dem Betriebsrat mit, über welche Tätigkeiten und Aufgaben Sie einen Werkvertrag geschlossen haben. Sie informieren ihn darüber, wie viele Personen in welchem Zeitraum und in welchen Bereichen tätig werden. Darüber hinaus sollten Sie den Betriebsrat begründen, warum Sie nicht eigene Beschäftigte einsetzen, sondern eine Fremdfirma beauftragt haben.

Wie der Betriebsrat reagieren kann

Der Betriebsrat kann von Ihnen verlangen, dass Sie ihm die Werkverträge vorlegen, die Sie geschlossen haben. Dadurch kann er prüfen, ob es sich tatsächlich um einen Werkvertrag handelt und nicht um eine unzulässige Arbeitnehmerüberlassung. Sie können diese Verträge allerdings an den Stellen schwärzen, an denen die wirtschaftlichen Rahmenbedingungen erwähnt sind wie etwa Stunden- oder Tagessätze.

Der Betriebsrat kann die Vorlage aller Unterlagen verlangen, die er benötigt, um zu prüfen, ob sich für ihn Aufgaben aus dem Betriebsverfassungsgesetz ergeben und ob er zur Wahrnehmung dieser Aufgaben tätig werden muss. Wenn Sie dem Betriebsrat diese Unterlagen nicht zur Verfügung stellen, kann er seine Rechte über das Arbeitsgericht geltend machen. Der Betriebsrat wird diesen Rechtsstreit mit großer Wahrscheinlichkeit gewinnen und die Vorlage der Verträge erzwingen können.

Deswegen sollten Sie den Betriebsrat rechtzeitig und umfassend über den Abschluss eines Werkvertrags informieren. Dann kommt kein Misstrauen auf und der Betriebsrat wird Ihnen keine Probleme machen.

5.4 Beteiligungsrechte bei dem Einsatz von Praktikanten und Diplomanden

Diplomanden und Praktikanten sind keine Arbeitnehmer Ihres Betriebs, sondern Schüler oder Studenten einer Schule oder Hochschule. Allerdings sind sie im Rahmen einer Ausbildung im weiteren Sinne in Ihrem Unternehmen tätig.

Ein Schülerpraktikum, das dem Kennenlernen der Berufswelt dient, führt nicht zu einer Einstellung von Mitarbeitern, so dass der Betriebsrat kein Mitbestimmungsrecht hat.

Was Sie dem Betriebsrat mitteilen müssen

Auch hier teilen Sie dem Betriebsrat mit, welcher Praktikant oder welcher Diplomand wann in Ihrem Betrieb tätig sein wird. Sie teilen ihm weiter mit, welche »Aufgabe« er wahrnehmen wird, z.B. welches Thema die Diplomarbeit haben wird. So kann dann der Betriebsrat prüfen, ob und in welchem Umfange er Mitwirkungsrechte hat. Diese Informationen erlauben es dem Betriebsrat festzustellen, dass es sich z.B. nicht um eine verdeckte Arbeitnehmerüberlassung handelt.

Hilfreich und in der Praxis bewährt hat sich die Vorstellung des Praktikanten oder Diplomanden beim Betriebsrat. So vermeiden Sie Missverständnisse.

Wie der Betriebsrat reagieren kann
Auch im Fall der Zusammenarbeit mit einem Praktikanten oder Diplomanden kann der Betriebsrat – jedenfalls theoretisch – der Einstellung widersprechen. Da keine sinnvollen Gründe für einen Widerspruch erkennbar sind, ist in der Praxis nicht mit dem Widerstand des Betriebsrats zu rechnen. Grundsätzlich ist es aber wichtig, den Betriebsrat immer vollständig und rechtzeitig darüber zu informieren, was in dem Unternehmen geschieht. Insbesondere sollte er wissen, wann sich welche Personen warum in dem Unternehmen und auf dem Betriebsgelände aufhalten.

5.5 Beteiligungsrechte bei dem Einsatz von befristet beschäftigten Arbeitnehmern

Wenn Sie mit einem Mitarbeiter einen befristeten Arbeitsvertrag abschließen, ist ebenfalls der Betriebsrat nach §99 BetrVG anzuhören, bevor der Beschäftigte seine Tätigkeit aufnimmt. Dabei müssen Sie grundsätzlich die gleichen Punkte beachten, wie sie oben in Kapitel 5.2 zum Einsatz von Zeitarbeitnehmern dargestellt worden sind.

Was Sie dem Betriebsrat mitteilen müssen
Zusammen mit den persönlichen Daten der einzustellenden Person werden dem Betriebsrat die Bewerbungsunterlagen vorgelegt. Wenn Sie Informationen über den Bewerber haben, die über die Bewerbungsunterlagen hinausgehen, geben Sie auch hierüber Auskunft. Sie teilen dem Betriebsrat weiter mit, warum Sie sich für diesen Bewerber und nicht für einen anderen Kandidaten entschieden haben. Sie erläutern auf welchem Arbeitsplatz mit welcher Tätigkeit der Mitarbeiter beschäftigt werden soll und wie sich dies auf die Beschäftigten Ihres Hauses voraussichtlich auswirkt.

Den Arbeitsvertrag, den Sie mit dem Mitarbeiter abschließen werden oder schon abgeschlossen haben, brauchen Sie dem Betriebsrat nicht vorlegen.

Wie der Betriebsrat reagieren kann
Der Betriebsrat kann auf die Einstellung von befristetet beschäftigten Arbeitnehmern ebenso reagieren wie auf den Einsatz von Zeitarbeitnehmern:

- Er kann der Einstellung ausdrücklich zustimmen.
- Er kann die Frist zur Stellungnahme verstreichen lassen.
- Der Betriebsrat kann auch der Einstellung widersprechen (aus den in Kapitel 5.2 genannten Gründen).

Hat der Betriebsrat in der ihm gesetzlich eingeräumten Ein-Wochen-Frist eine Stellungnahme nicht abgegeben, dann gilt die Zustimmung als erteilt.

Hat der Betriebsrat der beabsichtigten Einstellung widersprochen, teilen Sie dies dem Bewerber mit. Gleichzeitig erläutern Sie ihm, wie Sie reagieren werden, z. B. ob Sie die Zustimmung durch das Arbeitsgericht ersetzen lassen wollen.

Die Verlängerung von befristeten Arbeitsverhältnissen – Beteiligung des Betriebsrats erforderlich

Wenn die Befristung abgelaufen ist und Sie den Arbeitsvertrag verlängern wollen, dann gilt dies ebenfalls als Einstellung. Dies bedeutet, Sie müssen den Betriebsrat erneut und vollständig anhören. Dabei ist es unerheblich, ob Sie die Befristung verlängern oder aber das bisher befristete Arbeitsverhältnis in ein unbefristetes umwandeln wollen. Beide Maßnahmen gelten als neue Einstellung mit der Folge der Beteiligungsrechte des Betriebsrates.

Inhalt der Anhörung

Bezüglich des Inhalts der jetzt zu erfolgenden Anhörung des Betriebsrats gilt das Gleiche wie in Kapitel 5.2 dargestellt. Sie werden sich aber auf die erste Anhörung beziehen, als Sie den Mitarbeiter eingestellt haben, und nur ergänzend ausführen müssen, warum Sie den Arbeitsvertrag mit dem befristet beschäftigten Mitarbeiter verlängern wollen.

Wenn Sie den Betriebsrat vor der Einstellung eines Mitarbeiters oder vor der Verlängerung eines Arbeitsvertrags nicht oder nicht ordnungsgemäß anhören, kann er über das Arbeitsgericht von Ihnen verlangen, dass der eingestellte Mitarbeiter wieder entlassen wird.

Die folgende Checkliste zeigt Ihnen, was Sie dem Betriebsrat mitteilen müssen, wenn Sie einen befristet beschäftigten Arbeitnehmer einstellen wollen. Wenn Sie dem Betriebsrat diese Informationen gegeben haben, haben Sie die Voraussetzung für eine ordnungsgemäße Anhörung erfüllt.

Checkliste: Anhörung des Betriebsrats zur Einstellung von befristet beschäftigten Arbeitnehmern		✓
1.	Mitteilung über Name, Vorname und persönliche Daten des Bewerbers	
2.	Mitteilung über den geplanten Beginn des Arbeitsverhältnisses	
3.	Mitteilung über Grund der Einstellung	
4.	Mitteilung über den Arbeitsplatz und die Tätigkeit des Arbeitnehmers	
5.	Mitteilung über mögliche Auswirkungen der Einstellung auf die bei Ihnen bereits beschäftigten Arbeitnehmer	
6.	Vorlage der Bewerbungsunterlagen	
7.	Vorlage der Bewerbungsunterlagen der abgelehnten Bewerber	
8.	Mitteilung über die Gründe der Auswahl gerade dieses Bewerbers	
9.	Mitteilung sonstiger Informationen über den Arbeitnehmer, die Sie haben, die sich aber nicht aus den Bewerbungsunterlagen ergeben	
10.	Mitteilung über die geplante Dauer des Arbeitsverhältnisses	
11.	Aufforderung an den Betriebsrat zur Stellungnahme	

6   So kalkulieren Sie das Honorar

Ihre Entscheidung, welche Vertragsform für die Beschäftigung von Mitarbeitern ohne Festanstellung die richtige ist, wird auch davon abhängen, welche Kosten durch welches Vertragsverhältnis voraussichtlich entstehen werden.

6.1   Grundlage für die Kostenkalkulation

Kosten für einen Festangestellten
Bei der Kalkulation des Honorars gehen Sie zunächst davon aus, welche Kosten ein fest angestellter Arbeitnehmer verursachen würde. Davon leiten Sie dann ab, welche Kostenvorteile entstehen, wenn Sie eine andere Vertragsform wählen, beispielsweise einen freien Mitarbeiter beschäftigen oder einen Diplomanden mit einem bestimmten Projekt beauftragen.

Die Kosten für die Personalsuche
Zunächst kalkulieren Sie die Kosten, die Ihnen durch die Personalsuche entstehen würden. Hier berechnen Sie Ihre Aufwendungen für
- die Schaltung von Stellenanzeigen und Inseraten, Stellenbörsen im Internet,
- die Kosten für Personalberater, die Sie bei der Personalsuche unterstützen würden,
- die Kosten für die Durchführung der Bewerbungsgespräche,
- die Kosten für die Einarbeitung und Schulung der neuen Mitarbeiter.

Die Kosten eines festangestellten Mitarbeiters
Als nächstes ermitteln Sie die Höhe der Arbeitskosten für einen fest angestellten Mitarbeiter. Ausgangspunkt für diese Kalkulation ist die Bewertung der Arbeitsaufgabe. Wenn Sie sich an den einschlägigen tariflichen Bestimmungen orientieren, erhalten Sie Vorstellung welche Vergütung ein Arbeitnehmer für diese Tätigkeit beanspruchen könnte.

Tarifverträge sind zwingend allerdings nur dann anzuwenden, wenn Sie Mitglied des entsprechenden Tarifträgerverbandes sind bzw. für Ihr Unternehmen ein Haus- oder Anerkennungstarifvertrag gilt, und der Mitarbeiter selbst Mitglied der zuständigen Gewerkschaft ist.

Sie können auch im Einzelarbeitsvertrag die Anwendung aller oder bestimmter einzelner Tarifverträge Ihrer Branche vereinbaren.

Hier müssen Sie das Grundentgelt, Leistungsentgelt, Sonderzahlungen, Vergütung für Urlaub, Feiertage und Arbeitsunfähigkeit, gegebenenfalls für weitere Sozialleistungen Ihres Unternehmens berücksichtigen.

Hinzu kommen noch die Arbeitgeberanteile zur Sozialversicherung, Krankenkassen, Agentur für Arbeit, Rentenversicherung.

Orientierung an der üblichen Vergütung
Die Entgelte, die in den Tarifverträgen geregelt sind, stellen regelmäßig die so genannte übliche Vergütung dar, an der Sie sich orientieren können. Davon ausgehend werden Sie kalkulieren, welche vertragliche Konstellation die wirtschaftlich sinnvolle Möglichkeit ist, einen Mitarbeiter ohne Festanstellung zu beschäftigen.

6.2 Das Honorar für freie Mitarbeiter

Bei freien Mitarbeitern handelt es sich um selbstständige Personen, die nicht in einem Arbeitsverhältnis zu Ihrem Unternehmen stehen, sondern selbst verantwortlich sind für ihre Sozialversicherung, für Urlaub, Arbeitsunfähigkeit und sonstige Ausfallsituationen, für die sie keine Vergütung beanspruchen können.

Für bestimmte Berufsgruppen, Rechtsanwälte, Steuerberater, Architekten und andere, gibt es gesetzliche oder standesrechtliche Regelungen über die Höhe der Vergütung. Aus diesen Tabellen entnehmen Sie, welche Kosten auf Sie zukommen können, wenn Sie einen solchen freien Mitarbeiter einsetzen wollen.

Wenn es eine solche Grundlage nicht gibt, erfahren Sie über die berufsständischen Vereinigungen, welche Vergütung, welche Stundensätze in der Branche üblich sind. Auf jeden Fall sollten Sie mehrere Angebote einholen und die Preise und Leistungen sorgfältig vergleichen.

Prüfen Sie, was in dem Angebot enthalten ist. Hier ist darauf zu achten, ob noch so genannte Nebenkosten auftreten können wie etwa Fahrtkosten, Abwesenheitsgeld, Dokumentenpauschalen oder Ähnliches.

Es ist dringend zu empfehlen, einen Pauschalpreis zu vereinbaren, damit es beim Abschluss der Arbeiten zu keinen Diskussionen über die Erstattung von Nebenkosten kommt.

Vereinbaren Sie allenfalls, dass weitere Kosten nur dann von Ihnen zu er-statten sind, wenn sie zum einen von dem freien Mitarbeiter belegt werden können und Sie zuvor diesen Aufwand auch genehmigt haben.

6.3 Die Vergütung für Zeitarbeitnehmer

Bei der Vergütung für den Einsatz von Zeitarbeitnehmern ist die Kosten kalku-lation für Sie etwas einfacher, da die meisten Zeitarbeitsfirmen einen Tarifver-trag anwenden, aus dem sich die Vergütung für die Zeitarbeitnehmer ergibt. Neben den eigentlichen Tarifverträgen gibt es solche, die noch die Zuschläge regeln, wenn Zeitarbeitnehmer in bestimmten Branchen eingesetzt werden.

Lassen Sie sich bei den Verhandlungen mit der Zeitarbeitsfirma den einschlä-gigen für diesen Betrieb geltenden Entgelttarifvertrag vorlegen und verlan-gen Sie eine Bestätigung dafür, dass dieses Unternehmen an den Tarifvertrag gebunden ist, beispielsweise durch Vorlage einer Mitgliedsbescheinigung für den entsprechenden Arbeitgeberverband.

Ist das Zeitarbeitsunternehmen, für das Sie sich entschieden haben, nicht tarifgebunden, müssen Sie darauf achten, dass der Zeitarbeitnehmer das glei-che Entgelt erhält wie ein vergleichbarer Arbeitnehmer, der bei Ihnen fest angestellt ist.

Kostenvorteile durch den Einsatz von Zeitarbeitnehmern
Vorteil 1: Keine betrieblichen Nebenkosten. Die Vergütung für Zeitarbeitneh-mer wird höher sein als das Entgelt, das Sie den eigenen Beschäftigten be-zahlen. Aber es fallen keine betrieblichen Nebenkosten an. Die Vorteile, die aus der Beschäftigung eines Zeitarbeitnehmers entstehen, lassen sich nicht mathematisch exakt bewerten. Sie können aber Näherungsrechnungen an-stellen, in denen Sie die Kosten für den Zeitarbeitnehmer mit den Arbeits-kosten für einen fest angestellten Mitarbeiter vergleichen. So entfallen bei Zeitarbeitnehmern Zusatzleistungen wie beispielsweise Entgeltfortzahlung im Krankheitsfall oder Vergütung für Urlaubs- und Feiertage.

Hinzukommen können noch betriebliche Leistungen wie Erfolgsprämien, Ge-winnbeteiligungen oder sonstige Zahlungen, die Sie an Ihre Beschäftigten ausschütten und auf die die Zeitarbeitnehmer keinen Anspruch haben.

Die entsprechenden Leistungen des Zeitarbeitsunternehmens sind in dessen Pauschalbetrag, den es Ihnen anbietet, bereits enthalten, so dass der Stundensatz mit Sicherheit höher ist als für einen »eigenen« Mitarbeiter, auf die Einsatzdauer aber ergibt sich ein Kostenvorteil.

Vorteil 2: Keine Kosten für die Personalsuche. Der Kostenvorteil von Zeitarbeitnehmern gegenüber angestellten Mitarbeitern Ihres Hauses liegt auch darin, dass Sie keine Kosten für die Personalsuche haben. Sie müssen nicht inserieren und auch keine Bewerbungsgespräche führen. Diesen Aufwand der Personalsuche hat das Zeitarbeitsunternehmen bereits für sich und damit auch für Sie betrieben.

Vorteil 3: Keine Kosten bei der Beendigung des Arbeitsverhältnisses. Ein weiterer Vorteil besteht darin, dass Sie sich von einem Zeitarbeitnehmer problemlos trennen können, wenn Sie ihn nicht mehr benötigen oder die Zusammenarbeit aus anderen Gründen nicht mehr wünschen. Wenn Sie davon ausgehen, dass Sie einem eigenen Mitarbeiter gegenüber eine längere Kündigungsfrist einhalten müssen als die Frist für Mitteilung an das Zeitarbeitsunternehmen, um das Vertragsverhältnis zu beenden, können Sie hier bereits die jeweiligen Monatseinkommen für die Nichteinhaltung der Kündigungsfrist im Vergleich zu der vereinbarten Kündigungsfrist gegenüber dem Zeitarbeitsunternehmen als wirtschaftlichen Vorteil berechnen.

Sie brauchen keine Auseinandersetzung mit dem Zeitarbeitsunternehmen über die Beendigung der vertraglichen Beziehung zu führen. Sie brauchen keinen Kündigungsgrund. Diese so genannten Beendigungskosten fallen bei Arbeitsverhältnissen an, nicht aber bei Zeitarbeitsverhältnissen. Zu den Beendigungskosten zählen zum einen Verfahrenskosten im Fall eines Rechtsstreits vor dem Arbeitsgericht (Gerichtskosten, Rechtsanwaltskosten), aber auch Abfindungen an den jeweiligen Arbeitnehmer.

Vorteil 4: Keine Erprobungskosten. Den Zeitarbeitnehmer können Sie während des Einsatzes bei Ihnen erproben, auch über einen längeren Zeitraum. Wenn Sie der Auffassung sind, dass er fachlich und persönlich in Ihr Team passt, dann können Sie ihn übernehmen. Der weit überwiegende Teil der Zeitarbeitnehmer wird in die Entleihunternehmen übernommen, dies ist der so genannte Klebeeffekt. Auch hier sparen Sie die entsprechenden Kosten für die Personalsuche, Vorstellungsgespräche oder ähnliches.

6.4   Das Honorar bei Werkverträgen

Das Honorar bei Werkverträgen zu kalkulieren und zu ermitteln, ist in der Praxis schwierig. Je nach Gegenstand des Werkvertrags können im Honorar Kosten enthalten sein für

- das notwendige Material,
- den notwendigen Einsatz von Personal zur Herstellung des Werkes,
- den Einsatz von Maschinen oder des Maschinenparks,
- die Abschreibung der Maschinen,
- Hilfsstoffe für die Produktion,
- den Testlauf des zu erstellenden Werkes,
- ggf. den Transport in Ihren Betrieb,
- die Installation in Ihrem Betrieb,
- die Inbetriebnahme vor Ort.

Einen Kostenvergleich anstellen

Wenn Sie Ihre Kosten für einen Werkvertrag kalkulieren, ist es sinnvoll einen Vergleich anzustellen: Wie hoch wären die Kosten bei Ihnen, wenn Sie das Werk selbst erstellen und z. B. auch die Wartung und Instandhaltung selbst übernehmen?

Lassen Sie sich ein detailliertes Angebot erstellen. Hieraus ergeben sich dann alle vom Werknehmer angesetzten Kosten für die einzelnen Leistungen. Dann können Sie einen Kostenvergleich vornehmen und prüfen, ob es sich lohnt, die Aufgaben und die Arbeiten selbst durchzuführen.

Wenn Sie in Ihrem Haus nicht über entsprechend qualifizierte Mitarbeiter verfügen, ist die Kostenkalkulation schwierig. Ihre Mitarbeiter müssten erst die notwendige Qualifikation erwerben, die grundsätzlich von Ihnen zu finanzieren ist. Solche Qualifikationsmaßnahmen müssen Sie dann ebenfalls in die eigene Schattenkalkulation mit aufnehmen.

Gewährleistung

Für den Abschluss eines Werkvertrags spricht, dass der Werknehmer, je nach Aufgabe und Tätigkeit, gegebenenfalls auch eine Garantie übernehmen muss – nicht nur bezüglich der Beschaffenheit des Werks, sondern auch hinsichtlich des Zeitpunkts der Fertigstellung. Wenn Sie ein festes Datum der Fertigstellung vereinbart haben, macht sich der Werknehmer schadenersatzpflichtig, falls er den Termin nicht einhält. Einen solchen Schadenersatzanspruch haben Sie gegen die eigenen Arbeitnehmer nicht. Dieser Vorteil ist im Vorfeld nicht exakt kalkulierbar. Aber er darf trotzdem nicht unberücksichtigt bleiben.

6.5   Das Honorar für Praktikanten und Diplomanden

Honorar für Praktikanten

Das Honorar von Praktikanten ist gesetzlich nicht geregelt. Es sind auch keine Tarifverträge bekannt, die eine solche Vergütung regeln. Praktikanten, die den Betrieb kennenlernen wollen, erbringen keine Arbeitsleistung im engeren Sinne (vgl. auch Kapitel 2.4). Sie haben deswegen keinen rechtlichen Anspruch auf eine Arbeitsvergütung. Hier können Sie also frei entscheiden, ob und gegebenenfalls in welcher Höhe Sie ein Praktikantenhonorar bezahlen wollen.

Wenn Sie ein Praktikantenhonorar zahlen wollen, bietet es sich an, die Vergütung an der von Auszubildenden zu orientieren und einen bestimmten Prozentsatz davon zu bezahlen. Dabei ist aber zu beachten, ob das Mindestlohngesetz Anwendung findet und Sie den Mindestlohn zahlen müssen oder nicht.

Honorar für Diplomanden

Auch für Diplomandenvergütungen gibt es keine gesetzlichen Regelungen oder tarifvertraglichen Vorschriften. Diplomanden werden in der Praxis mit Einmalzahlungen für ihre Diplomarbeit honoriert. Hier sind Beträge bekannt, die zwischen 1.000 EUR und 4.000 EUR liegen. Je nachdem, wie lange die Erstellung der Diplomarbeit dauert, werden manchmal auch monatliche Abschlagszahlungen vereinbart.

6.6   Die Vergütung für befristet beschäftigte Arbeitnehmer

Befristet beschäftigte Arbeitnehmer haben grundsätzlich den gleichen Vergütungsanspruch wie fest angestellte Mitarbeiter. Sie bezahlen sie nach der ausgeübten Tätigkeit. Dabei bewerten Sie die Tätigkeit und ermitteln, was ein fest angestellter Mitarbeiter für dieselbe Tätigkeit bekommen würde. Je nach Entgeltsystem werden Sie die Tätigkeit, die der Mitarbeiter zu erbringen hat, bewerten und einer bestimmten Entgeltgruppe zuordnen.

Bei der Ermittlung des richtigen Entgelts hilft der Vergleich mit Ihren fest angestellten Mitarbeitern allerdings nicht hundertprozentig weiter. Der neue Mitarbeiter wird wahrscheinlich noch nicht alle Tätigkeiten erbringen können wie Ihre langjährig beschäftigten Mitarbeiter. Deshalb liefert die Vergütung von Mitarbeitern, die möglicherweise schon viele Jahre in dem Unternehmen arbeiten, nur einen Anhaltspunkt, welche Entgeltgruppe die richtige sein könnte.

Leistungsentgelt

Neben dieser so genannten Grundvergütung, die sich allein an der übertrage-nen oder an der ausgeführten Tätigkeit orientiert, sehen manche Entgeltsys-teme auch die Zahlung eines Leistungsentgeltes vor. Dessen Höhe richtet sich nach der individuellen Leistung des Mitarbeiters oder der Leistung der Gruppe oder Organisationseinheit, in der der Mitarbeiter tätig ist. Die Kriterien für die Zahlung eines Leistungsentgelts sind meist durch Tarifverträge und gegebe-nenfalls ergänzend durch Betriebsvereinbarungen geregelt.

Einige Tarifverträge sehen vor, dass Mitarbeiter in der Ein- oder Anlernphase noch kein Leistungsentgelt erhalten. In dem Fall müssen Sie keine Leistungs-zulage zahlen. Sie können diese dann auch in Ihrer Kalkulation außen vor lassen.

Welche zusätzlichen Kosten müssen Sie kalkulieren?

Wenn Sie einen befristeten Arbeitsvertrag abschließen, sollten Sie neben dem Arbeitsentgelt noch weitere Kosten berücksichtigen, die nicht im direkten Zu-sammenhang mit der erbrachten Arbeitsleistung des Arbeitnehmers stehen.

Sonderzahlungen an Arbeitnehmer

Hinzu kommen in vielen Firmen noch Ansprüche der Arbeitnehmer auf Son-dervergütungen wie beispielsweise:

- vermögenswirksame oder altersvermögenswirksame Leistungen
- Urlaubsgeld
- Weihnachtsgeld
- Schichtzuschläge für Spätarbeit, Nachtarbeit
- Sonntags- und Feiertagszuschläge
- Mehrarbeitszuschläge

Diese Sonderzahlungen können Sie mit etwa 8% der Grundvergütung bewerten.

Entgeltliche Freistellung

Weiter müssen Sie berücksichtigen, dass Mitarbeiter mit befristeten Arbeits-verträgen Entgeltansprüche haben, ohne dass sie Arbeitsleistung erbringen. Solche Entgeltzahlungsfälle ohne Arbeitsleistung können sein:

- Entgeltfortzahlung im Krankheitsfall
- Bezahlung von Urlaubstagen
- Bezahlung von Feiertagen
- bezahlte Freistellung zur Teilnahme an Betriebsversammlungen
- bezahlte Freistellung wegen kurzfristiger Arbeitsverhinderung (z.B. Arzt-besuch während der Arbeitszeit)

Die Entgelte für arbeitsfreie Tage können mit etwa 16 % der zu zahlenden Grundvergütung angesetzt werden.

Arbeitgeberanteile zur Sozialversicherung

Hinzu kommen dann noch die Arbeitgeberanteile zur Sozialversicherung:

- Rentenversicherung
- Arbeitslosenversicherung
- Kranken- und Pflegeversicherung
- Gesetzliche Unfallversicherung (Beitrag zur Berufsgenossenschaft)

Die Arbeitgeberanteile zur Sozialversicherung müssen Sie mit durchschnittlich etwa 20 % der Arbeitsvergütung kalkulieren.

Zusammenfassung der Entgeltzusatzkosten

Insgesamt müssen Sie also Entgeltzusatzkosten in Höhe von über 40 % des Arbeitsentgelts einkalkulieren, um zu bewerten, welche Kosten ein bei Ihnen (befristet) angestellter Mitarbeiter verursachen würde.

Dabei nicht berücksichtigt sind weitere betriebliche Zusatzkosten, die in jedem Unternehmen dem Grunde und der Höhe nach unterschiedlich anfallen können. Dazu zählen z.B. Leistungen zur betrieblichen Altersversorgung, Erfolgsprämien oder ähnliche Vergütungsbestandteile. Die Höhe dieser Kosten lässt sich nicht pauschal angeben. Sie muss in jedem Unternehmen individuell ermittelt werden.

6.7   Beachtung des Mindestlohns

Seit 1. Januar 2015 gilt das Mindestlohngesetz, das es Arbeitgebern verbietet, Beschäftigte unterhalb des durch die Mindestlohnkommission festgesetzten Stundenentgelts zu bezahlen. Seit 2017 beträgt der Mindestlohn 8,84 EUR. Da die Anpassung alle zwei Jahre zu prüfen ist, ist davon auszugehen, dass sich der Mindestlohn zum 1. Januar 2019 erhöhen wird.

Der Mindestlohn ist auf alle Arbeitsverhältnisse anzuwenden, er gilt auch für geringfügig Beschäftigte und auch Ferienaushilfen. Auch Praktikanten haben einen Anspruch auf den Mindestlohn, es sei denn, dass es sich

- um ein schulrechtlich vorgeschriebenes Praktikum handelt,
- es sich um ein bis zu drei Monaten dauerndes Praktikum, das zur Orientierung für eine Berufsausbildung oder ein Studium dient,
- um ein bei Ihnen erstmaliges dreimonatiges Praktikum begleitend zu einer Berufs- oder Hochschulausbildung,
- um eine Einstiegsqualifizierung bzw. Berufsausbildungsvorbereitung handelt.

Neben dem Mindestlohn nach dem Mindestlohngesetz gibt es auch verein-
zelte Mindestlohntarifverträge, die durch das Bundesarbeitsministerium für
allgemeinverbindlich, also für alle Arbeitgeber in dem entsprechenden Bereich anzuwenden erklärt wurden. Hier liegt der einzuhaltende Mindestlohn höher als derjenige nach dem Mindestlohngesetz. Ein Beispiel ist das
Gebäudereiniger-Handwerk, der Mindestlohn beträgt 2018 hier EUR 10,30 in
Westdeutschland und EUR 9,55 in Ostdeutschland. Für die Folgejahre ist eine
Erhöhung auch schon festgeschrieben.

Aber auch wenn Beschäftigte bei Ihnen über einen Werk- oder Dienstvertrag eingesetzt werden, haften Sie auf Einhaltung des Mindestlohns, wenn
der von Ihnen eingesetzte Unternehmer seinerseits an seine Beschäftigten
den Mindestlohn nicht zahlt. Um hier eine größtmögliche Sicherheit zu haben, sollten Sie sich eine Bestätigung des Unternehmers geben lassen, dass er
entweder tarifliche Bedingungen einhält oder zumindest die Regelungen des
Mindestlohngesetzes.

Welche besonderen Leistungen in den Mindestlohn einbezogen werden dürfen, ist derzeit nicht ganz eindeutig, die Rechtsprechung im Wandel, deswegen werden nur die Zahlungen nachfolgend berücksichtigt, zu denen bereits
gerichtliche Entscheidungen vorliegen.

	Checkliste: Welche Zusatzleistungen können auf den Mindestlohn angerechnet werden?	✓
1.	Sachleistungen wie Kost und Logis, vergünstigter Personaleinkauf, Betriebsausflug, Weihnachtsfeier etc.	(-)
2.	(Pro-Rata-Auszahlung von) Sonderzahlungen wie Weihnachtsgeld, zusätz-liches Urlaubsgeld, wenn vorbehaltlos und unwiderruflich geleistet	(+)
3.	Spätarbeitszuschlag	(+)
4.	Nachtarbeitszuschlag	(-)
5.	Mehrarbeitszuschläge	(-)
6.	Leistungsentgelt	(+)
7.	(alters-)vermögenswirksame Leistungen	(-)
8.	Anteil zur betrieblichen Altersversorgung	(-)
9.	Aufwandsentschädigungen	(-)
10.	Branchenzuschläge in der Zeitarbeit	(+)
11.	Jubiläumszuwendungen, Gratifikationen	(-)

Checkliste: Welche Zusatzleistungen können auf den Mindestlohn angerechnet werden?	✓
12. Sonntags-, Feiertagszuschläge	(+)
13. Feiertagsvergütung	(-)
14. Urlaubsentgelt	(-)
15. Schmutz-, Gefahren-, Belastungszulage	(-)
16. Anwesenheitsprämie	(+)

7 Den neuen Arbeitsplatz vorbereiten

Je besser Sie den Arbeitsplatz des Mitarbeiters einrichten, desto schneller wird er sich einarbeiten und seine Arbeit aufnehmen können. Deswegen sollten Sie sich hier ausreichend Zeit nehmen und sorgsam die Vorbereitungsmaßnahmen treffen.

In diesem Kapitel finden Sie eine Checkliste, um den Arbeitsplatz für den neuen Mitarbeiter vorzubereiten. Ergänzen Sie diese Checkliste frühzeitig bezüglich der besonderen Maßnahmen, die für den konkreten Fall zu ergreifen sind.

Dabei müssen Sie auch darauf achten, dass einige Aufgaben, die Sie erledigen lassen wollen, einen längeren zeitlichen Vorlauf benötigen als andere. So werden Sie Büromaterial schnell beschaffen können. Die Fertigung von Visitenkarten dauert etwas länger. Die Beschaffung eines Computers erfordert außerdem einen noch längeren Vorlauf.

7.1 Die Einrichtung des Arbeitsplatzes

Bei der Einrichtung des neuen Arbeitsplatzes prüfen Sie zunächst, welche Arbeitsmittel der Mitarbeiter benötigen wird. Dies gilt nicht nur für größere Arbeitsmittel wie etwa Computer, Drucker oder Ähnliches. Es wirft ein schlechtes Licht auf den Arbeitgeber, wenn Kleinigkeiten fehlen wie etwa Locher, Papierkorb, Blocks oder Stifte. Notwendige Fachliteratur sollte ebenfalls zu Beginn der Arbeitsaufnahme zur Hand sein.

Sicherheitsrichtlinien
Prüfen Sie, ob der Arbeitsplatz, die Arbeitsmittel und das Arbeitsumfeld den Sicherheitsrichtlinien, den VDE-Normen und den Unfallverhütungsvorschriften entsprechen. Der Arbeitsplatz sollte auch sauber sein.

Wenn an dem Arbeitsplatz des Mitarbeiters oder in dem entsprechenden Arbeitsbereich das Tragen von Schutzkleidung vorgesehen oder vorgeschrieben ist, müssen Sie diese rechtzeitig bestellt und bereithalten, so dass sie zum Zeitpunkt der Arbeitsaufnahme auch zur Verfügung steht. Ist das Tragen von Firmenkleidung vorgeschrieben, dann müssen Sie diese ebenfalls zu Arbeitsbeginn für den Mitarbeiter bereithalten.

EDV-Zugang

Wenn der Mitarbeiter Zugang zu Ihrem EDV-System haben soll, richten Sie ihn entsprechend ein. Schränken Sie die Zugangsmöglichkeit zu Ihrem EDV-System ein, damit der Mitarbeiter nicht auf Daten zugreifen kann, die für ihn und seine Tätigkeit belanglos sind. Bei neuen Beschäftigten ist zu empfehlen, sehr zurückhaltend mit dem erlaubten Datenzugriff zu sein. Das notwendige Vertrauen mag noch fehlen. Auch ist zu prüfen, auf welche Daten unbedingt zugegriffen werden muss, um die Arbeitsleistung zu erbringen.

Zugang zum Arbeitsplatz

Die für den Mitarbeiter wichtigen Arbeitsanweisungen und betrieblichen Regelungen legen Sie an seinem Arbeitsplatz bereit. Wenn Sie ein besonderes Zugangssystem zu Ihrem Betrieb haben, etwa mittels Codekarte oder Chip, müssen Sie ihm diese Zugangsmöglichkeit eröffnen. Sie besorgen ihm die Codekarte oder den Chip, schalten sie im System frei und legen gleichzeitig fest, welche Bereiche der Mitarbeiter betreten darf und welche Bereiche für ihn tabu sind.

Wenn es sich um einen Mitarbeiter handelt, der bei Ihnen ein (befristetes) Anstellungsverhältnis eingeht, dann werden Sie ihn gegebenenfalls auch in Ihre innerbetriebliche Telefonliste aufnehmen. Möglicherweise werden Sie ihn auch in das Organigramm des Unternehmens eintragen und ihm Visitenkarten zur Verfügung stellen. Gegebenenfalls muss der neue Mitarbeiter noch bestimmte Schulungen absolvieren. Möglicherweise muss der neue Mitarbeiter bestimmte Qualifikationen nachholen oder nachbessern, die für die Tätigkeit an dem Arbeitsplatz erforderlich sind.

Es kann aber auch sein, dass Sie mit bestimmten technischen Hilfsmitteln arbeiten, für die der Mitarbeiter geschult werden muss. Diese Notwendigkeit haben Sie im Rahmen des Vorstellungs- und Bewerbungsgespräches bereits ermittelt.

Basiert beispielsweise Ihr Mail-, Kalender- und Datenbanksystem auf Lotus Notes, dieses System kennt Ihr neuer Mitarbeiter aber ausweislich der Bewerbungsunterlagen noch nicht, er hat bisher über Microsoft Outlook seine Mails versandt und seinen EDV-Kalender geführt, müssen Sie sich um zeitnahe Schulungen kümmern.

Sie werden die entsprechenden Schulungs- und Fortbildungsangebote bereits zum Zeitpunkt der Arbeitsaufnahme dem Mitarbeiter vorschlagen. Vielleicht haben Sie schon einen entsprechenden Schulungstermin vereinbaren und den Mitarbeiter hierfür schon anmelden können.

Die folgende Checkliste hilft Ihnen bei der Einrichtung des neuen Arbeitsplatzes. Bevor Sie die Checkliste einsetzen, sollten Sie überlegen, ob noch besondere Vorbereitungshandlungen fehlen, die für den Arbeitsplatz erforderlich sind. Wenn Sie alle Punkte der Checkliste abgearbeitet haben, dann kann der neue Mitarbeiter seine Tätigkeit sofort beginnen.

Checkliste: So bereiten Sie den neuen Arbeitsplatz vor	✓
1.	Lassen Sie den Arbeitsplatz reinigen.	
2.	Beschaffen Sie allgemeine Arbeitsmittel (Locher, Stifte, Blöcke, Visitenkarten etc.).	
3.	Beschaffen Sie spezielle Arbeitsmittel (Computer, Diktiergerät, Werkzeuge, Firmenfahrzeug etc.).	
4.	Richten Sie die Zugangsberechtigung zum Firmengelände und zum Arbeitsplatz ein und schalten Sie diese frei.	
5.	Beschaffen Sie ggf. Firmenkleidung.	
6.	Beschaffen Sie ggf. Schutzkleidung.	
7.	Informieren Sie Vorgesetzte über den neuen Mitarbeiter (Person des Mitarbeiters, Datum der Arbeitsaufnahme, Besonderheiten der Person).	
8.	Informieren Sie Kollegen über den neuen Mitarbeiter (Person des Mitarbeiters, Datum der Arbeitsaufnahme, Begründung der Einstellung, Besonderheiten).	
9.	Prüfen Sie, ob bestimmte Schulungs- oder Qualifizierungsmaßnahmen bereits zu Beginn der Tätigkeit notwendig sind.	
10.	Planen Sie Schulungs- oder Qualifizierungsmaßnahmen, die zu Beginn der Arbeitsaufnahme notwendig sind.	

7.2 Die Vorbereitung des personellen Umfelds

Ebenso wichtig wie die äußerliche, technische Vorbereitung des Arbeitsplatzes ist auch das personelle Umfeld des Arbeitsplatzes. Sie sollten den in Ihrem Hause beschäftigten Mitarbeitern mitteilen, wann der neue Mitarbeiter seine Tätigkeit aufnimmt und welche Aufgaben er wahrnehmen wird.

Lassen Sie keine Gerüchteküche entstehen!
Darüber hinaus sollten Sie das Arbeitsumfeld des neuen Mitarbeiters frühzeitig über dessen Kompetenzen in fachlicher und gegebenenfalls auch disziplinarischer Hinsicht informieren. Für den neuen Mitarbeiter, aber auch für die Stammbelegschaft ist nichts schlimmer als eine Gerüchteküche über kom-

mende Mitarbeiter und deren mögliche Funktion im Unternehmen. Wenn Sie die Beschäftigten nicht rechtzeitig über personelle Veränderungen informieren, kommt es zu Diskussionen. Sie werden eine große Unruhe feststellen, weil niemand genau weiß, wie sich die Einstellung des neuen Mitarbeiters auf die eigene Tätigkeit auswirken wird und warum überhaupt ein neuer Arbeitsplatz geschaffen wurde.

Abteilungsbesprechung
Deshalb werden Sie den Beschäftigten Ihres Hauses im Rahmen einer Abteilungsbesprechung oder einer anderen Art von Zusammenkunft erläutern, wer der neue Mitarbeiter ist, welche Funktion er übernehmen soll und warum Sie ihn eingestellt haben.

Wenn Sie diese Erläuterungen nicht vornehmen, sehen die Kollegen den neuen Mitarbeiter vielleicht als Gefahr und Angriff auf ihre Person. Sie fürchten um ihren Status, vielleicht auch um bestimmte Arbeitsinhalte und Verantwortlichkeiten. Die mangelhafte Kommunikation hat in vielen Fällen die negative Folge, dass der neue Mitarbeiter nicht in das Team integriert wird und von seinen Kollegen keine Unterstützung erfährt.

Mobbing vermeiden
Dabei kann es im schlimmsten Fall sogar zu Mobbing-Handlungen kommen, zu Ausgrenzungen des neuen Mitarbeiters und zu Behinderungen in seiner Tätigkeit. Dies sollten Sie unbedingt vermeiden durch eine rechtzeitige und offene Information der zukünftigen Kollegen des neuen Mitarbeiters.

Die Ursache von Mobbing liegt oft in der Unsicherheit und den Ängsten des Mobbing-Täters. Es ist deshalb so wichtig, Unsicherheiten, die durch Personalentscheidungen im Betrieb verursacht werden, zu vermeiden oder zu minimieren, um Mobbing-Handlungen erst gar nicht aufkommen zu lassen.

8 Freie Mitarbeiter einarbeiten und führen

Klassische Führungsaufgaben

1. Alle Personen, die für Ihr Unternehmen arbeiten, müssen in ihre Arbeitsaufgabe eingearbeitet werden und sich an ihr neues Arbeitsumfeld gewöhnen. Ihre Aufgabe ist es, diese Mitarbeiter vor allem zu Beginn der Tätigkeit, aber auch nach der erfolgten Einarbeitung zu betreuen und zu führen. Der Umfang der Einarbeitung und der Führungsaufgaben hängt grundsätzlich von drei Fragen ab: Welche Vertragsart ist gewählt worden?
2. Welche Befugnisse, welche Rechte und Pflichten haben Sie dem jeweiligen Mitarbeiter gegenüber?
3. Welche Vorkenntnisse und Erfahrungen sind bei dem Mitarbeiter vorhanden?

Übergeben Sie neuen Mitarbeitern Ihre Firmen- oder Imagebroschüre, damit sie sich mit Ihren Produkten oder Dienstleistungen und den Marktverhältnissen vertraut machen können. Gegebenenfalls übergeben Sie ihnen auch ein Organigramm der Führungsstruktur Ihres Unternehmens.

8.1 Die Unterrichtung über die Arbeitsaufgabe

Jeden neuen Mitarbeiter werden Sie unabhängig von der gewählten Vertragsart darüber informieren, welchen Arbeitsplatz er besetzen wird und welche Punkte er besonders beachten muss. Zu einer vollständigen Unterrichtung eines neuen Mitarbeiters gehört eine Vielzahl von Punkten, die in der folgenden Liste aufgeführt sind.

Die Führungskraft

- zeigt dem Mitarbeiter den Arbeitsplatz,
- besichtigt mit ihm die Arbeitsumgebung,
- beschreibt ihm seine Arbeitsaufgaben,
- erklärt dem Mitarbeiter den Zusammenhang, in dem er arbeitet,
- stellt ihm seine Verantwortung für die Qualität seiner Arbeitsergebnisse dar,
- erläutert ihm die Bedienung seiner Arbeitsmittel, wie Maschinen, Computer etc.,
- stellt ihm seine Verantwortung für die fehlerfreie Funktion der Maschinen dar,
- erläutert ihm die Wartung und Reinigung der Maschinen,
- informiert ihm über die zu verarbeitenden Materialien und deren Besonderheiten,

- erklärt ihm, welche Maßnahmen bei Funktionsstörungen zu ergreifen sind,
- weist ihn auf die Folgen einer verzögerten Arbeit oder von fehlerhafter Arbeit hin,
- macht ihn mit den im Bereich beschäftigten Mitarbeitern und Vorgesetzten bekannt,
- erläutert ihm, welche Person für welche Tätigkeiten und Bereiche zuständig sind,
- nennt ihm die fachlichen und die disziplinarischen Vorgesetzten,
- informiert ihn über den Inhalt der wesentlichen betrieblichen Regelungen, die für seinen Arbeitsbereich gelten,
- beschreibt ihm besondere Kürzel, die im Unternehmen verwendet werden,
- informiert ihn über die vorhandenen Sozialräume und über deren Nutzungsbedingungen (Kantine etc.),
- weist den Mitarbeiter darauf hin, dass keinerlei Diskriminierungen, Beleidigungen oder Ähnliches geduldet werden.

Je besser eine solche Einarbeitung erfolgt, desto geringer ist das Risiko, dass es in der Folgezeit zu Problemen und zu Missverständnissen kommt. Eine gute Einarbeitung und eine gute Betreuung zu Beginn der Beschäftigung ist eine gute Grundlage für eine fruchtbare Zusammenarbeit zwischen Ihnen und dem neuen Mitarbeiter.

Ausreichend Zeit einplanen

Für diese Einweisung des neuen Mitarbeiters sollten Sie sich ausreichend Zeit nehmen. So zeigen Sie auch, wie wichtig Ihnen der neue Mitarbeiter und seine Tätigkeit sind.

Wenn Ihr Unternehmen mit einem Qualitätsmanagementsystem arbeitet, wird es eine Prozessbeschreibung für die Einarbeitung von Mitarbeitern geben. Prüfen Sie diese Prozessbeschreibung regelmäßig auf ihre Aktualität.

In der folgenden Checkliste ist noch einmal übersichtlich zusammengefasst, wie Sie Ihren Mitarbeiter in seine Tätigkeit einweisen und ihn über seinen neuen Arbeitsplatz und seine Aufgaben unterrichten. Diese Checkliste sollten Sie entsprechend Ihren besonderen betrieblichen Bedürfnissen erweitern, etwa bezüglich der Einweisung in spezielle EDV-Programme oder sonstiger Arbeitsanweisungen.

Checkliste: Unterrichtung über Arbeitsplatz und Aufgaben	✓
1. Besichtigen Sie den Arbeitsplatz und die Arbeitsumgebung gemeinsam mit Ihrem Mitarbeiter.	
2. Beschreiben Sie die Arbeitsaufgaben des Mitarbeiters.	
3. Erklären Sie Ihrem Mitarbeiter den Gesamtzusammenhang, in dem sich seine Arbeitsaufgabe befindet.	
4. Erläutern Sie die Verantwortung des Mitarbeiters für die Qualität der Arbeitsergebnisse.	
5. Erklären Sie Ihrem Mitarbeiter die Bedienung der Arbeitsmittel.	
6. Erläutern Sie Ihrem Mitarbeiter die Verantwortung für die fehlerfreie Funktion der Arbeitsmittel.	
7. Erläutern Sie die Wartungs- und Reinigungsvorschriften für die Arbeitsmittel.	
8. Informieren Sie Ihren Mitarbeiter über die zu verarbeitenden Materialien und deren Besonderheiten.	
9. Erklären Sie Ihrem Mitarbeiter, welche Maßnahmen bei Funktionsstörungen zu ergreifen sind.	
10. Weisen Sie Ihren Mitarbeiter auf die Folgen von Verzögerungen und Fehlern hin.	
11. Machen Sie den neuen Mitarbeiter mit den im Bereich beschäftigten Mitarbeitern und Vorgesetzten bekannt.	
12. Erläutern Sie die Zuständigkeiten der Mitarbeiter und Vorgesetzten.	
13. Erklären Sie dem neuen Mitarbeiter betriebs- oder konzerninterne Kurzbezeichnungen.	
14. Benennen Sie die fachlichen und disziplinarischen Vorgesetzten.	
15. Weisen Sie den neuen Mitarbeiter auf die Folgen von Diskriminierungen, Beleidigungen oder ähnliche Verhaltensweisen hin.	

8.2 Die Belehrung über Unfall- und Gesundheits- gefahren

Neben der allgemeinen Unterrichtungspflicht belehren Sie den Mitarbeiter, auch wenn es keine »eigenen« Beschäftigten sind, auch über mögliche Unfall- und Gesundheitsgefahren und wie diese vermieden werden können.

Die Führungskraft bzw. die dafür zuständige Person in Ihrem Unternehmen
- erläutert die Gefahren bei der Bedienung der Arbeitsmittel, z.B. der Maschinen,
- erläutert die Gefährlichkeit der verwendeten Materialien und Hilfsstoffe,
- erläutert die einschlägigen Unfallverhütungsrichtlinien,
- übergibt dem Mitarbeiter gegebenenfalls die vorgeschriebene Schutzkleidung,
- informiert über Art und Standort von Schutzeinrichtungen (Verbandkasten, Feuerlöscher, Rettungswege, Rettungsräume, Sammelstellen),
- erläutert die betrieblichen Warnsignale und deren Bedienung,
- gibt Verhaltensanweisungen bei Gefahren,
- übergibt gegebenenfalls notwendige Broschüren, Merkblätter oder Ähnliches,
- nennt den gegebenenfalls vorhandenen betrieblichen Sicherheitsbeauftragten.

Mithilfe der folgenden Checkliste können Sie Ihren neuen Mitarbeiter über mögliche Unfall- und Gesundheitsgefahren an seinem Arbeitsplatz informieren.

Checkliste: Belehrung über Unfall- und Gesundheitsgefahren		✓
1.	Erläuterung der Gefahren bei der Bedienung der Arbeitsmittel, Maschinen	
2.	Erläuterung der Gefahren, die von den zu bearbeitenden oder verarbeitenden Materialien und Hilfsstoffen ausgehen	
3.	Erläuterung der einschlägigen Unfallverhütungsvorschriften	
4.	Übergabe der zu tragenden Schutzkleidungen	
5.	Demonstration über Tragweise der Schutzkleidungen	
6.	Information über Art, Standort und Bedienung von Schutzeinrichtungen (Verbandkasten, Feuerlöscher)	
7.	Information über Rettungswege, Rettungsräume und Sammelstellen	
8.	Erläuterung der Verhaltensanweisungen im Gefahrenfall	
9.	Übergabe von entsprechenden Broschüren, Merkblättern o. Ä.	
10.	Nennen des betrieblichen Sicherheitsbeauftragten	

8.3 Die Führung von Mitarbeitern ohne Festanstellung

Kontrolle und Beurteilung der Tätigkeit

Nach der Ersteinweisung der neuen Mitarbeiter und der Belehrung über Unfall- und Gesundheitsgefahren gehört die Führung der Mitarbeiter während der Dauer ihrer Beschäftigung zu Ihren zentralen Aufgaben. Dies bedeutet zum einen die Kontrolle der Mitarbeiter im Hinblick auf ihre Tätigkeit, zum anderen aber auch die Beurteilung von Leistung und Verhalten.

Prüfen Sie in der ersten Zeit der Beschäftigung den Mitarbeiter häufiger. So lässt sich schnell feststellen, ob der Mitarbeiter grundsätzlich für die Arbeit geeignet ist und ob er sich an den neuen Arbeitsplatz gewöhnt und in die neue Tätigkeit einarbeitet hat.

Wenn Sie in den ersten Monaten feststellen, dass die Einarbeitung problematisch ist und Sie sich nicht sicher sind, ob der Mitarbeiter Ihre Erwartungen erfüllen wird, dann sollten Sie das Vertragsverhältnis möglicherweise während der Probezeit beenden.

Bei Arbeitsverhältnissen sind die ersten sechs Monate sehr wichtig: Innerhalb dieses Zeitraums können Sie das Arbeitsverhältnis kündigen, ohne dass Sie konkrete Gründe nennen oder vor dem Arbeitsgericht darlegen müssen. In diesem Zeitraum gilt das Kündigungsschutzgesetz noch nicht.

Unterstützung anbieten

Grundsätzlich ist ein neuer Mitarbeiter auf Ihre Hilfestellung angewiesen. Selbst für eine exzellente Fachkraft mit hervorragenden Kenntnissen und Erfahrungen ist Unterstützung notwendig, um sich in das neue Umfeld einzuarbeiten und einfügen zu können. Sie sollten deshalb in regelmäßigen Abständen ein Mitarbeitergespräch führen und ihn fragen, ob er sich an sein neues Arbeitsumfeld gewöhnt hat und in welchen Bereichen er noch Unterstützung benötigt.

Daneben müssen Sie aber auch darauf achten, dass der Beschäftigte die gegebenenfalls mit dem Betriebsrat vereinbarten und aufgestellten Regeln einhält. Der neue Mitarbeiter muss sich zunächst auf die Regeln und Besonderheiten des neuen Arbeitsumfelds einstellen und mit den neuen Arbeitsbedingungen und Regeln vertraut werden.

Der neue Mitarbeiter kommt aus einem Unternehmen, das ein Gleitzeitsystem installiert hatte. In Ihrem Betrieb gibt es feste Schichtzeiten. Sie erläutern dem Mitarbeiter das Schichtsystem und weisen ihn ausdrücklich auf die Einhaltung der Arbeitszeiten hin.

Leistung messen

Nach einer Einarbeitungsphase des neuen Mitarbeiters werden Sie seine Leistungen messen wollen. Vielleicht müssen Sie dies ohnehin tun, weil es beispielsweise ein Leistungsentgeltsystem in Ihrem Unternehmen gibt und der Mitarbeiter ab einer bestimmten Betriebszugehörigkeit den Anspruch auf ein Leistungsentgelt hat. Spätestens dann werden Sie die Leistung beurteilen müssen.

Für die Leistungsmessung werden Sie den jeweiligen Vorgesetzten einschalten und ihn um eine Beurteilung des Mitarbeiters bitten. Sie werden sich gegebenenfalls Arbeitsproben zeigen lassen und den Mitarbeiter und seine Leistung anschließend selbst beurteilen.

Besonderheiten bei freien Mitarbeitern

Für die Beschäftigtengruppe der freien Mitarbeiter ist es wichtig, dass Sie darauf achten, dass sie nicht in den Betriebsablauf eingebunden werden, damit nicht ein abhängiges Beschäftigungsverhältnis besteht.

Weisen Sie deshalb den freien Mitarbeiter darauf hin, dass er Weisungen des Vorgesetzten des Bereiches, für den er tätig werden wird, nur bezüglich der konkret vereinbarten Arbeitsaufgabe annehmen darf. Weisen Sie ihn weiter darauf hin, dass in Ihrem Betrieb keine Person ihm disziplinarische Anweisungen zu geben hat, beispielsweise bezüglich Arbeitszeit, Urlaub oder Ähnliches.

Prüfen Sie auch in regelmäßigen Abständen, ob sich die Führungskräfte und direkten Vorgesetzen an Ihre Anweisung halten, dem freien Mitarbeiter keine disziplinarischen Vorgaben zu machen. Sehr schnell werden durch solche disziplinarischen Weisungen aus freien Mitarbeitern über das Institut der so genannten Scheinselbständigkeit fest angestellte Beschäftigte.

Besonderheiten bei Zeitarbeitnehmern

Zeitarbeitnehmer haben eine arbeitsrechtliche Doppelstellung. Sie sind einerseits Arbeitnehmer des Zeitarbeitsbetriebs. Andererseits aber erbringen sie die Arbeitsleistung bei Ihnen als Entleiher.

Einarbeitung des Zeitarbeiters

Dementsprechend werden Sie einen Zeitarbeitnehmer ebenso einarbeiten wie Sie einen angestellten Mitarbeiter einarbeiten würden. Da allerdings Zeitarbeitnehmer oftmals nicht über einen längeren Zeitraum in Ihrem Betrieb bleiben werden, wird die Einführung in Ihr Unternehmen in der Regel nicht so ausführlich sein wie es bei Ihren Beschäftigten üblicherweise der Fall ist.

Hinsichtlich der Belehrung des Zeitarbeitnehmers über Unfall- und Gesundheitsgefahren sind Sie dagegen verpflichtet, diese ebenso gewissenhaft durchzuführen wie Sie dies bei eigenen Arbeitnehmern tun.

Direktionsrecht

Auch das Direktionsrecht gegenüber dem Zeitarbeitnehmer liegt bei Ihnen. Sie bzw. die Vorgesetzten des Mitarbeiters geben die konkreten Arbeitsanweisungen und kontrollieren das Arbeitsergebnis des Zeitarbeitnehmers.

Die disziplinarische Hoheit über den Zeitarbeitnehmer ist zweistufig und verteilt sich zum einen auf das Zeitarbeitsunternehmen, zum anderen auf Ihren Betrieb. So muss der Zeitarbeitnehmer bei seinem Arbeitgeber, dem Verleihunternehmen, Urlaub beantragen. Dort muss er sich auch arbeitsunfähig melden. Aber der Zeitarbeitnehmer muss sich an den betrieblichen Regeln in Ihrem Hause orientieren. Er muss sich an die Betriebsvereinbarungen halten, die Sie mit dem Betriebsrat abgeschlossen haben. Deswegen werden Sie ihm auch die für ihn und seine Arbeit wichtigen Betriebsvereinbarungen oder betrieblichen Regeln zur Kenntnis geben.

Sie teilen zum Beispiel dem Zeitarbeitnehmer mit,
- wann die Arbeitszeit beginnt und wann sie endet,
- wann Pausenzeiten sind,
- wo die Materialausgabe ist,
- welcher Vorgesetzte ihm Arbeitsanweisungen geben darf,
- welche Unfallverhütungsvorschriften wo gelten,
- wo welche Sicherheitskleidung zu tragen ist,
- wo die Rettungswege, Rettungsräume und die Sammelstellen sind.

An diese Regelungen und Betriebsvereinbarungen muss sich der Zeitarbeitnehmer halten. Sie gelten für ihn genauso wie für festangestellte Mitarbeiter.

Der Zeitarbeitnehmer wird also in grundsätzlich gleichem Maße in die Tätigkeit eingeführt wie eigene Mitarbeiter. Hiervon gibt es nur zwei Ausnahmen:
1. Die Beschreibung Ihres Unternehmens und die Erläuterung des Gesamtzusammenhangs, in dem seine Arbeitsaufgabe steht, wird bei einem Zeitarbeitnehmer nicht so umfangreich ausfallen wie bei den eigenen Beschäftigten.
2. Die Disziplinargewalt (z. B. Krankmeldung, Urlaubsantrag) bleibt beim Zeitarbeitsunternehmen, so dass insoweit auch keine Informationen von Ihnen zu geben sind.

Ansonsten bleibt es bei den allgemeinen Unterrichtungs- und Belehrungspflichten, die Sie auch den eigenen Mitarbeitern gegenüber haben (vgl. Kapitel 8.1 und 8.2).

Besonderheiten bei einem Werkvertrag – Aufgabenbeschreibung statt Einarbeitung

Die Einarbeitung bei Werknehmern, also den Unternehmen, die für Sie tätig werden sollen, muss auf einer anderen Basis erfolgen als etwa bei Zeitarbeitnehmern. Der Werknehmer ist für Sie tätig. Allerdings kommt es hier ausschließlich auf das Ergebnis der Arbeit an, die Gestaltung der Zusammenarbeit ist insoweit rechtlich nebensächlich. Der Werknehmer ist selbstständig tätig und arbeitet einen Auftrag ab, den er von Ihnen bekommen hat. Deshalb reduziert sich die Einarbeitung auf die Beschreibung der Aufgabe, die der Werknehmer zu erbringen hat. Der Werknehmer selbst muss seine Mitarbeiter entsprechend auf die Tätigkeit bei Ihnen oder für Sie vorbereiten und gegebenenfalls qualifizieren. Dies können Sie gar nicht tun, weil Sie schließlich nicht wissen, welche Mitarbeiter des Werknehmers für Ihren Auftrag tätig werden und über welche Fachkenntnisse und Erfahrungen die Mitarbeiter des Werknehmers bereits verfügen.

Im Übrigen ist die Entscheidung, wie das Werk erstellt und der Auftrag erfüllt wird, dem Werknehmer überlassen. Es kommt allein darauf an, dass das Werk zum vereinbarten Zeitpunkt korrekt und mängelfrei fertiggestellt ist.

Werknehmer müssen nur eingearbeitet werden, wenn die beauftragte Tätigkeit in Ihrem Hause erfolgen soll oder muss. Wenn Sie z. B. einen Malerbetrieb beauftragen, die Gänge in Ihrem Bürogebäude zu streichen, informieren Sie die Mitarbeiter des Werknehmers über die betrieblichen Gegebenheiten und Gepflogenheiten, damit die Ausführung der Arbeiten Ihren Geschäftsbetrieb nicht mehr als notwendig stört.

Erwarten Sie beispielsweise während der Malerarbeiten wichtigen Geschäftsbesuch, eine Delegation Ihres größten Kunden hat sich angesagt, informieren Sie die Maler über den Besuch und fordern sie auf, an dem entsprechenden Tag die Gänge leer geräumt zu haben und die Malerarbeiten an Stellen fortzusetzen, an denen Sie den Besuch nicht vorbeiführen.

Wenn Sie dem Werknehmer Tätigkeiten übertragen haben, die im Zusammenhang mit Ihrer Tätigkeit, mit dem Unternehmenszweck stehen, dann müssen Sie ihm auch alle Informationen zukommen lassen, die er für seine Aufgaben benötigt.

Hilfs- und Unterstützungsarbeiten

Dies gilt auch für so genannte Hilfs- und Unterstützungsarbeiten, die der Werknehmer erledigen soll. Auch hier müssen Sie dem Werknehmer die notwendigen Anweisungen und Informationen geben, da er ansonsten die Aufgaben nicht oder nicht ordnungsgemäß ausführen kann.

Sie beauftragen ein Instandhaltungsunternehmen mit der Wartung und Instandhaltung Ihrer Produktionsmaschinen. Sie übergeben dem Werknehmer zum einen die Wartungs- und die Schaltpläne der Maschinen, die er zu warten und instand zu halten hat. Weiter informieren Sie ihn über die Zeiten, zu denen die Wartung erfolgen kann. Darüber hinaus nennen Sie dem Werknehmer auch einen Ansprechpartner und legen fest, wer berechtigt ist, ihn zur Reparatur einer Maschine anzufordern.

Belehrung über Unfall- und Gesundheitsgefahren

Selbstverständlich informieren Sie auch die Mitarbeiter der Fremdfirma, die bei Ihnen zeitweilig arbeiten, über Unfall- und Gesundheitsgefahren, über die Rettungswege und -räume. Sie informieren weiter über die ausgewiesenen Sammelstellen. Hinsichtlich der Belehrung über Unfall- und Gesundheitsgefahren besteht also kein Unterschied zwischen Mitarbeiter des Werknehmers, die zeitweilig in Ihrem Haus arbeiten, und eigenen Mitarbeitern.

Besonderheiten bei Praktikanten und Diplomanden –
Begrenzte Einarbeitung

Bei Praktikanten und Diplomanden erfolgt in der Regel nur eine eingeschränkte Einarbeitung. Zum einen sind Praktikanten und Diplomanden nur kurze Zeit oder nur zeitweise in Ihrem Unternehmen tätig. Zum anderen übernehmen sie auch nur in begrenztem Umfang Tätigkeiten in Ihrem Unternehmen. Deshalb erfolgt nur eine eingeschränkte Einarbeitung, die immer abhängig von der jeweiligen übertragenen Aufgabe sein wird.

Deswegen ist hier zu empfehlen, die Checkliste zur Einarbeitung zwar zu verwenden, aber die Punkte zu streichen, die aus Ihrer Sicht im konkreten Einzelfall für die Einarbeitung des Praktikanten oder Diplomanden nicht erforderlich sind.

Keine Berufserfahrung

Bei Praktikanten und Diplomanden ist zu berücksichtigen, dass dieser Personenkreis in der Regel noch keine praktische Berufserfahrung hat. Deswegen müssen sie gegebenenfalls auch Selbstverständlichkeiten erklären wie etwa An- und Abmeldeformalitäten.

Für Praktikanten und Diplomanden gilt selbstverständlich auch die Belehrungspflicht über Unfall- und Gesundheitsgefahren. Diese Belehrung sollte etwas ausführlicher erfolgen, weil Praktikanten und Diplomanden möglicherweise die entsprechende Erfahrung fehlt. Dies gilt insbesondere dann, wenn Praktikanten oder Diplomanden das erste Mal in einem Produktionsbetrieb eingesetzt werden. Umgekehrt reduziert sich die Belehrungspflicht auf den Bereich, in denen sich diese Personen aufhalten werden. Andere Bereiche sollten für sie tabu sein.

Besonderheiten bei befristet beschäftigten Arbeitnehmern – Einarbeitung abhängig von der Befristungsdauer
Bei befristet beschäftigten Arbeitnehmern werden Sie eine umfangreiche Einarbeitung immer dann vornehmen, wenn das Arbeitsverhältnis nicht auf die Dauer von nur wenigen Wochen befristet ist.

Je länger die befristete Beschäftigung andauern soll, desto intensiver werden Sie die Einarbeitung vornehmen. Denn es besteht ja durchaus die Möglichkeit, dass der Arbeitnehmer auch mit anderen Aufgaben betraut wird als ursprünglich geplant und angenommen.

Eine Ferienaushilfe für vier bis sechs Wochen werden Sie nicht im größeren Umfang über den Zusammenhang zwischen seiner (Teil-) Arbeitsaufgabe einerseits und dem Endergebnis der Produkte informieren.

Befristet beschäftigte Arbeitnehmer haben grundsätzlich die gleichen Rechte und Pflichten wie die Beschäftigten Ihrer Stammbelegschaft. Deshalb müssen sie eingewiesen werden, welcher Vorgesetzte welche disziplinarischen Befugnisse gegenüber ihnen hat.

Der Mitarbeiter muss wissen,
- bei wem er wie Urlaub oder Gleitzeitnahme zu beantragen hat,
- bei wem er sich z. B. wegen Arbeitsunfähigkeit krankmelden kann,
- welche Betriebsvereinbarung und/oder Tarifverträge für ihn gelten,
- wo er die Betriebsvereinbarung und/oder Tarifverträge einsehen kann.

Diese Auflistung lässt sich beliebig verlängern, wobei die jeweiligen Angaben natürlich von den individuellen Gegebenheiten in jedem Betrieb abhängig sind.

9 Wie Sie das Mitarbeiterverhältnis beenden

Kündigung vor Fristablauf?
Je nach Vertrag, den Sie mit dem Mitarbeiter ohne Festanstellung abgeschlossen haben, müssen Sie bei der Beendigung des Arbeitsverhältnisses unterschiedliche Aspekte beachten. Ein wichtiger Punkt ist dabei, ob der jeweilige Vertrag befristet oder unbefristet abgeschlossen wurde. Wurde der Vertrag befristet abgeschlossen, endet das Vertragsverhältnis automatisch mit Ablauf der Frist. Sie könnten aber auch in die Situation kommen, dass das Vertragsverhältnis vorzeitig, also vor Ablauf der vereinbarten Frist außerordentlich beendet werden soll. In diesem Kapitel erfahren Sie, was Sie beachten müssen, wenn Sie das Vertragsverhältnis mit einem Mitarbeiter ohne Festanstellung beenden wollen. Es wird dargestellt, wie Sie – abhängig vom jeweiligen Vertragstyp – vorgehen müssen, wenn

1. der befristete Vertrag abläuft und
2. der Vertrag vor Ablauf einer Frist gekündigt werden soll.

9.1 Beendigung der Zusammenarbeit mit freien Mitarbeitern

Auch der Vertrag mit dem freien Mitarbeiter kann befristet oder unbefristet abgeschlossen sein, so dass Sie unterschiedlich handeln müssen, wenn das Vertragsverhältnis zu Ende gehen soll.

Beendigung durch Ablauf der im Vertrag festgesetzten Frist
Unproblematisch ist es, wenn Sie den Vertrag mit dem freien Mitarbeiter befristet abgeschlossen haben und die Aufgabe des freien Mitarbeiters innerhalb der Frist erfüllt wird. Mit Erledigung der Aufgabe und Fristablauf endet der Vertrag automatisch. Sie müssen dann nichts veranlassen.

Beendigung durch Kündigung des Vertrags
Wenn der Vertrag mit dem freien Mitarbeiter unbefristet abgeschlossen wurde oder aber Sie ihn vorzeitig beenden wollen, müssen Sie ihn kündigen.

Beachten Sie, dass diese Möglichkeit der vorzeitigen Kündigung eines Vertrages mit einem freien Mitarbeiter mit dem Sie einen befristeten Vertrag abgeschlossen haben nur besteht, wenn Sie dies vertraglich geregelt haben. Nur für den Fall einer solchen vertraglich zugelassenen Möglichkeit, können Sie den Vertrag vor Ablauf der Frist (ordentlich) kündigen.

Haben Sie eine solche Vereinbarung im Vertrag nicht getroffen, können Sie nur aus wichtigem Grund (außerordentlich) kündigen. Dies kann beispielsweise dann der Fall sein, wenn der freie Mitarbeiter in grober Weise gegen seine vertraglichen Pflichten verstoßen hat.

Der rechtliche Begriff der Kündigung
Die Kündigung ist eine so genannte einseitige empfangsbedürftige Willenserklärung. Dies bedeutet, dass Sie im Streitfall nachweisen müssen, dass Sie die Kündigung erklärt haben. Sie müssen auch beweisen, dass die Kündigung dem freien Mitarbeiter zugegangen ist. Daher empfiehlt es sich, dem freien Mitarbeiter die Kündigung persönlich zu übergeben und dabei den Empfang abzeichnen zu lassen oder sie in den Firmen- oder Hausbriefkasten des freien Mitarbeiters einzuwerfen. Fertigen Sie ein kurzes Protokoll über die Übergabe oder den Einwurf der Kündigung in den Briefkasten.

Ein solches Protokoll zur Übergabe der Kündigung kann beispielsweise folgendermaßen lauten:

> »Ich, Herr …, habe am … das Kündigungsschreiben Herrn … persönlich gegen 00:00 Uhr übergeben.«
> Oder:
> »Ich, Herr …, habe am … gegen 00:00 Uhr das Kündigungsschreiben in den Briefkasten des Herrn … in der X-Straße Nr. 00 in Y-Stadt eingeworfen.«

Diese Notiz unterzeichnen Sie und heften Sie an die Kopie des Kündigungsschreibens, die Sie in Ihrer Personalakte aufbewahren.

Wirksamkeit der Kündigung
Die Kündigung eines freien Mitarbeiters bedarf für ihre Wirksamkeit keiner Begründung. Im Gegensatz zu Arbeitsverhältnissen wird die Kündigung von freien Mitarbeitern nicht auf ihre soziale Rechtfertigung hin überprüft.

Da hier kein Arbeitsverhältnis gekündigt wird, müssen Sie den Betriebsrat auch nicht vor Ausspruch der Kündigung anhören.

Kündigung darf nichtdiskriminieren
Allerdings sollten Sie dem freien Mitarbeiter gegenüber die Gründe benennen, wenn Sie welche haben. Dabei müssen Sie allerdings auf Ihre Argumentation achten. Das Allgemeine Gleichbehandlungsgesetz (AGG) gilt auch für freie Mitarbeiter! Dies bedeutet, dass hier durchaus geprüft werden kann, ob die Kündigungsgründe, die Sie genannt haben, diskriminierungsfrei sind. Stellt ein Gericht fest, dass die genannten Gründe einen Verstoß gegen das AGG

darstellen, hat der freie Mitarbeiter einen Schadenersatzanspruch gegen Ihr Unternehmen und gegebenenfalls auch Anspruch auf eine Entschädigungszahlung.

Was Sie bei Vertragsende noch beachten sollten

Wenn der Vertrag mit dem freien Mitarbeiter enden wird oder geendet hat, führen Sie mit ihm ein Abschlussgespräch, indem Sie seine Leistung und sein Arbeitsverhalten bewerten.

Lassen Sie sich alle Unterlagen und Arbeitsmittel geben, die der freie Mitarbeiter zur Durchführung seiner Tätigkeit von Ihrem Unternehmen bekommen hat, und prüfen Sie diese auf ihre Vollständigkeit.

Arbeitsbescheinigung ausstellen

Wenn Sie mit der Arbeit des freien Mitarbeiters zufrieden waren, können Sie ihm eine Bescheinigung geben, die er als Referenz für seine zukünftigen Bewerbungen verwenden kann (vgl. Kapitel 10.2).

Auch wenn der freie Mitarbeiter keinen Anspruch auf ein Arbeitszeugnis hat, sollten Sie ihm eine Bescheinigung über seine Tätigkeit bei Ihnen geben, in der Sie sein Verhalten und seine Leistung beurteilen, wenn Sie mit ihm zufrieden waren. Dies ist nicht nur für den freien Mitarbeiter hilfreich, vielleicht können Sie dadurch auch bei Unternehmen, denen der Mitarbeiter diese Bescheinigung vorlegt, Werbung für Ihr eigenes Unternehmen machen.

Bedenken Sie bei dem Abschlussgespräch und bei der Ausstellung der Bescheinigung auch, dass der letzte Eindruck, den der freie Mitarbeiter von Ihnen und Ihrem Unternehmen hat, in seiner Erinnerung bleibt. Wenn der freie Mitarbeiter Ihr Haus in positiver Weise in Erinnerung behält, wird er über Ihr Unternehmen auch positiv reden und es entsprechend darstellen.

Wenn Sie mit dem freien Mitarbeiter zufrieden waren, dann nehmen Sie Informationen zu seinen Leistungen in eine Datenbank auf. Wenn Sie in Zukunft wieder einmal Arbeiten an freie Mitarbeiter vergeben wollen, ersparen Sie sich so ein ausführliches Auswahlverfahren.

Sinnvoll ist es bei der Erfassung der Daten in der Datenbank insbesondere zu notieren, welcher freie Mitarbeiter welche Tätigkeiten in welchem Zeitraum erbracht hat, welche Kosten für die Tätigkeit angefallen sind und wie Sie den freien Mitarbeiter insgesamt einschätzen.

9.2   Beendigung des Zeitarbeitsverhältnisses

Auch für die Beendigung von Zeitarbeitsverhältnissen kommt es darauf an, ob diese befristet oder unbefristet abgeschlossen waren.

Beendigung durch Ablauf des Zeitarbeitsvertrags

Wenn Sie mit dem Zeitarbeitsunternehmen einen befristeten Überlassungsvertrag geschlossen haben, dann endet auch dieser automatisch mit Ablauf der vereinbarten Frist. Sie müssen dann nicht weiter tätig werden. Achten Sie aber genau darauf, dass der Zeitarbeitnehmer auch nach Ablauf der Frist tatsächlich nicht mehr bei Ihnen tätig ist.

Informieren Sie entsprechend auch den Vorgesetzten, in dessen Bereich der Zeitarbeitnehmer tätig ist, rechtzeitig über den Ablauf des Vertrags. Weisen Sie ihn darauf hin, dass der Zeitarbeitnehmer über diesen Zeitpunkt hinaus nicht weiter bei Ihnen beschäftigt werden darf.

Sie haben keine Hinweispflicht gegenüber dem Zeitarbeitnehmer oder dem Zeitarbeitsunternehmen, d.h. sie müssen nicht darauf hinweisen, dass der Vertrag ausläuft. Das Zeitarbeitsunternehmen hat den befristeten Vertrag mit Ihnen geschlossen und muss deshalb um das Auslaufen der Vertragsfrist zu dem vereinbarten Zeitpunkt wissen.

Beendigung durch Kündigung des Zeitarbeitsvertrags

Wenn der Vertrag mit dem Zeitarbeitsunternehmen unbefristet abgeschlossen wurde oder aber vorzeitig beendet werden soll, müssen Sie ihn kündigen. Auch hier gilt für die vorzeitige Kündigung eines befristeten Arbeitnehmerüberlassungsvertrags, dass diese nur dann möglich ist, wenn Sie dies ausdrücklich im Vertrag vereinbart haben.

Die Kündigung müssen Sie nicht begründen. Insbesondere müssen auch keine sogenannten sozial gerechtfertigten Kündigungsgründe vorliegen. Allerdings sollten Sie mit dem Zeitarbeitsunternehmen über den Grund der Beendigung des Vertragsverhältnisses sprechen, jedenfalls wenn Sie grundsätzlich an einer zukünftigen Zusammenarbeit mit dem Unternehmen zur Arbeitnehmerüberlassung interessiert sind.

Die Kündigung des Vertrags muss schriftlich erfolgen. Sie müssen den Zugang der Kündigung bei dem Zeitarbeitsunternehmen beweisen können. Insofern empfiehlt sich die Übermittlung des Schreibens per Einschreiben.

Auch wenn Sie bei der Einstellung des Zeitarbeitnehmers den Betriebsrat anhören mussten, hat er bei der Beendigung des Zeitarbeitsvertrags kein Mitbestimmungsrecht, er hat auch keinen Informationsanspruch. Es wird nämlich nicht ein Arbeitsverhältnis gekündigt, sondern der Vertrag zwischen Ihnen und dem Zeitarbeitsunternehmen. Der Zeitarbeitnehmer bleibt weiter Arbeitnehmer seines Unternehmens.

Was Sie noch beachten sollten – Arbeitsbescheinigung und Rückgabe von Arbeitsmitteln
Auch dem Zeitarbeitnehmer sollten Sie bescheinigen, wie Sie seine Arbeitsleistung in fachlicher Hinsicht und im Hinblick auf Verhalten und Leistung beurteilen. Deshalb sollten Sie ihm eine entsprechende Bescheinigung, vergleichbar einem Arbeitszeugnis, zukommen lassen. Diese Bescheinigung leiten Sie auch an das Zeitarbeitsunternehmen weiter. Wenn das Zeitarbeitsunternehmen z.B. ein Zeugnis zu erteilen hat oder arbeitsrechtliche Maßnahmen geplant werden, ist die Arbeitsbescheinigung dort hilfreich. Ebenso wichtig ist Ihre Arbeitsbescheinigung für das Zeitarbeitsunternehmen auch deshalb, damit es bei seiner zukünftigen Auswahl Ihre Einschätzung besser berücksichtigen kann.

Lassen Sie sich überlassene Firmenunterlagen und Arbeitsmittel von dem Zeitarbeitnehmer zurückgeben. Denken Sie dabei auch an möglicherweise zur Verfügung gestellte Zugangsberechtigungen wie Schlüssel, Chip-Karte oder Ähnliches.

Wenn Sie mit dem Zeitarbeitsunternehmen und mit dem überlassenen Arbeitnehmer zufrieden waren, sollten Sie dies in einer Datenbank dokumentieren. Wenn Sie das nächste Mal mit einem Zeitarbeitnehmer zusammenarbeiten wollen, können Sie bei dem Zeitarbeitsunternehmen genau diese Person anfordern. Wenn Sie mit ihr nicht zufrieden waren, können Sie von vornherein diese Person ablehnen.

9.3   Beendigung des Werkvertrags

Typischerweise wird ein Werkvertrag durch den Abschluss der Arbeiten, die erfolgte Herstellung des Werks und dessen Abnahme durch Sie beendet.

Beendigung durch Ablauf des Werkvertrags
Wenn das Werk erstellt, die vertraglich vereinbarten Aufgaben erfüllt und abgeschlossen sind, dann endet zunächst der Werkvertrag als solcher mit Ihrer Abnahme des Werks. Allerdings können gegebenenfalls gegen den Werkneh-

mer noch Haftungsansprüche entstehen oder Gewährleistungsansprüche durch Sie geltend gemacht werden.

Beendigung durch Kündigung des Werkvertrags

Sie können einen Werkvertrag jederzeit kündigen, ohne dafür Gründe anzugeben. Die Möglichkeit der vorzeitigen Kündigung müssen Sie nicht ausdrücklich vertraglich vereinbaren, da sie Ihnen bereits gesetzlich zugesprochen ist. Allerdings müssen Sie trotz vorzeitiger Kündigung die vereinbarte Vergütung bezahlen (§ 649 BGB). Der Werknehmer darf in seiner Rechnung jedoch nicht Aufwendungen in Rechnung stellen, die durch die vorzeitige Beendigung gar nicht angefallen sind. Material- und Arbeitskosten, die der Werknehmer durch die vorzeitige Beendigung des Vertrags nicht mehr aufwenden muss, darf er Ihnen auch nicht in Rechnung stellen.

Es empfiehlt sich deshalb, dass Sie mit dem Werknehmer ein Gespräch über die Gründe für die Beendigung führen. Wenn Sie ihm dabei in Aussicht stellen können, dass Sie ihn auch zukünftig bei der Vergabe von Aufträgen berücksichtigen werden, wird er Ihnen bei der Abrechnung sicher entgegenkommen.

Was Sie noch beachten sollten – Abnahme des Werks

Wenn das Werk hergestellt ist und die Arbeiten erbracht wurden, muss grundsätzlich eine Abnahme des Werks erfolgen. Bei der Abnahme prüfen Sie, ob das Werk den Vorgaben entspricht, ob es so ausgefertigt wurde, wie Sie es in Auftrag gegeben haben. Zu dieser Abnahme sind Sie verpflichtet.

Verweigern Sie die Abnahme des Werks, kann der Werknehmer sich eine so genannte Freistellungsbescheinigung ausstellen lassen. Hier wird dann ein Gutachter beauftragt, der dem Werknehmer bescheinigt, dass die Arbeiten ordnungs- und vertragsgemäß ausgeführt wurden. Da dann ein Dritter und nicht Sie als Auftraggeber das Werk abnimmt, besteht hier die Gefahr, dass Sie keine Möglichkeit haben, bestimmte Mängel anzuzeigen.

Vergütung des Werknehmers

Mit der Abnahme des Werks wird auch die Vergütung des Werknehmers fällig. Wenn Sie Abschlagszahlungen vereinbart haben, werden diese natürlich bei der Endabrechnung in Abzug gebracht.

Wenn Sie mit der Leistung des Werknehmers zufrieden waren, sollten Sie dies dokumentieren. Das erleichtert Ihnen die Auswahl bei der erneuten Suche nach einem Werknehmer. Sie können vielleicht auch einem Kollegen helfen, der seinerseits nach einer entsprechend qualifizierten Kraft sucht.

9.4 Beendigung des Praktikanten- oder Diplomanden- bzw. Absolventenvertrags

Die Beendigung eines solchen Vertrags ist in der Praxis deswegen unproblematisch, weil sie regelmäßig von kurzer Dauer sind und sich deshalb die Frage der Kündigungsmöglichkeit nicht stellt.

Beendigung durch Ablauf des Praktikanten- oder Diplomanden bzw. Absolventenvertrags

Wenn das Ziel des Praktikantenvertrags erfüllt ist bzw. wenn die Abschlussarbeit abgeschlossen ist, dann endet automatisch das Vertragsverhältnis. Es bedarf keiner Kündigung. Sie müssen den Studenten oder Praktikanten auch nicht auf das Ende des Vertrags hinweisen.

Achten Sie darauf, dass der Praktikant oder der Student nach Ende des Vertrags bei Ihnen nicht weiter tätig ist. Wenn Sie diese Personen weiter beschäftigen, besteht die Gefahr, dass Sie automatisch in ein – unbefristetes – Arbeitsverhältnis gezwungen werden, das Sie gar nicht abschließen wollten.

Deshalb sollten Sie in dem Abschlussgespräch den Praktikanten bzw. Studenten ausdrücklich darauf hinweisen, dass das Vertragsverhältnis aufgrund seiner Befristung endet.

Wenn der Student oder der Praktikant von einer bestimmten Person in Ihrem Hause betreut wurde oder einer Abteilung zugeordnet ist, weisen Sie die jeweils Verantwortlichen darauf hin, dass das Vertragsverhältnis endet und der Praktikant bzw. der Student nicht weiter beschäftigt werden darf.

Was Sie noch beachten sollten – Abschlussgespräch

Wenn das Vertragsverhältnis endet, werden Sie auch mit dem Praktikanten bzw. dem Studenten ein Abschlussgespräch führen. Mit einem Praktikanten werden Sie besprechen, welchen Eindruck er von Ihrem Hause gewonnen hat, ob er sich vorstellen kann, bei Ihnen zukünftig tätig zu werden, oder ob er bei Ihnen eine Ausbildung absolvieren möchte. Umgekehrt werden Sie Ihren Eindruck schildern, den Sie von dem Praktikanten gewonnen haben.

Mit dem Diplomanden bzw. Absolventen eines Bachelor- oder Masterstudiengangs besprechen Sie darüber hinaus das Ergebnis seiner Abschlussarbeit. Vor allem wird für Sie die Frage interessant sein, was mit den Ergebnissen weiter geschieht und wie sich die Ergebnisse im Unternehmen verwerten lassen.

Lassen Sie sich deshalb rechtzeitig vor dem Abschlussgespräch die Abschlussarbeit vorlegen. Sie können dann hineinlesen und Ihre Fragen mit dem Studentenbesprechen.

9.5 Beendigung des befristeten Arbeitsverhältnisses

Grundsätzlich endet das Arbeitsverhältnis mit befristet beschäftigten Arbeitnehmern mit Ablauf der vereinbarten Frist. Hier müssen Sie also keine besonderen Maßnahmen ergreifen.

Beendigung durch Ablauf des befristeten Arbeitsvertrags
Der Mitarbeiter hat einen Arbeitsvertrag unterschrieben, der zu einem bestimmten Zeitpunkt oder mit Erreichen des vereinbarten Zwecks endet.

Wenn Sie im Arbeitsvertrag keinen festen Zeitpunkt vereinbart haben, sondern nur geregelt ist, dass das Arbeitsverhältnis mit Erreichen eines bestimmten Zwecks enden wird, teilen Sie dem Arbeitnehmer das Datum des Endes des Arbeitsverhältnisses umgehend mit, sobald es feststeht.

Keine Beteiligung des Betriebsrats
Besonderheiten sind beim Ablauf der Frist des Arbeitsvertrags nicht zu beachten. Es sind keine Behörden einzuschalten. Wenn es in Ihrem Betrieb einen Betriebsrat gibt, ist dieser nicht anzuhören, da das Arbeitsverhältnis nicht gekündigt wird, sondern schon aufgrund der vereinbarten Frist ausläuft.

Kündigung des befristeten Arbeitsvertrags
Es kann die Situation auftreten, dass Sie das befristete Arbeitsverhältnis vorzeitig beenden müssen und den Ablauf der vereinbarten Frist nicht abwarten wollen. In diesem Fall werden Sie über eine Kündigung des Arbeitsverhältnisses nachdenken müssen.

Prüfen Sie zuvor: Besteht das Arbeitsverhältnis zu dem Zeitpunkt, zu dem der Mitarbeiter die Kündigung bekommt, noch keine sechs Monate, hat der Mitarbeiter noch keinen Kündigungsschutz, es kann ohne Grund gekündigt werden.

Prüfung des Kündigungsgrunds
Besteht das Arbeitsverhältnis aber schon länger als sechs Monate, wird jede Kündigung vor den Arbeitsgerichten darauf überprüft, ob sie sozial gerechtfertigt ist (§1 Abs. 1 KSchG).

Im Arbeitsrecht wird dabei unterschieden zwischen der Kündigung aus

- verhaltensbedingten,
- personenbedingten (meist krankheitsbedingten),
- oder aus betriebsbedingten

Gründen.

Im Folgenden erfahren Sie, worauf Sie jeweils achten müssen, wenn Sie eine verhaltens-, personen- oder betriebsbedingte Kündigung aussprechen wollen. Mithilfe von Checklisten können Sie schnell überprüfen, ob die geplante Kündigung formell zulässig ist und im Ernstfall vor dem Arbeitsgericht stand hält.

Die verhaltensbedingte Kündigung

Bei verhaltensbedingten Kündigungen gehen die Arbeitsgerichte davon aus, dass nicht das Fehlverhalten an sich der Kündigungsgrund ist, sondern dass Sie als Arbeitgeber damit rechnen müssen, dass es auch in Zukunft zu gleichen oder ähnlichen Pflichtverstößen kommen wird.

Die verhaltensbedingte Kündigung setzt zunächst voraus, dass der Mitarbeiter sich falsch verhalten hat.

Der Mitarbeiter kommt beispielsweise ständig zu spät zur Arbeit, hält sich nicht an die Arbeitsanweisungen oder trägt nicht die vorgeschriebene Sicherheitskleidung.

Abmahnung erforderlich

Bei solchen Pflichtverstößen muss der Mitarbeiter zunächst im Vorfeld abgemahnt worden sein. Einer solchen Abmahnung wird dem Mitarbeiter gegenüber eine Hinweis- und Warnfunktion zugeschrieben, so dass er sein Fehlverhalten zukünftig abstellen kann und auch vor einer drohenden Kündigung bei Beibehaltung dieses Fehlverhaltens gewarnt wird.

Aus den erteilten Abmahnungen und der fortgesetzten Verletzung der arbeitsvertraglichen Pflichten durch den Arbeitnehmer schließt das Arbeitsgericht, dass auch in Zukunft mit solchen Pflichtverletzungen zu rechnen sein wird. Weiter wird das Arbeitsgericht prüfen, ob die Pflichtverstöße so schwerwiegend sind, dass es Ihnen als Arbeitgeber nicht zugemutet werden kann, an dem Arbeitsverhältnis bis zum Ende der vereinbarten Frist festzuhalten.

Berücksichtigen Sie, dass die Chancen auf Durchsetzung einer vorzeitigen Kündigung umso geringer sind, desto kürzer die Frist bis zum vertragsgemäßen Ende des Arbeitsverhältnisses ist. Je kürzer dieser Zeitraum ist, desto eher müssen Sie abwägen, wie viel Mühe Sie trotz geringerer Erfolgschancen investieren.

Mithilfe der folgenden Checkliste prüfen Sie, ob eine verhaltensbedingte Kündigung möglich und Erfolg versprechend ist. Wenn Sie alle Fragen mit Ja beantwortet haben, ist die Kündigung formell nicht zu beanstanden.

Checkliste: Durchführung einer verhaltensbedingten Kündigung		✓
Was müssen Sie prüfen?	Ja	Nein
1. Besteht das Arbeitsverhältnis länger als sechs Monate?		
2. Ist der Verhaltensverstoß des Mitarbeiters nachweisbar?		
3. Ist der Verhaltensverstoß des Mitarbeiters durch diesen verschuldet?		
4. Wurde der Mitarbeiter bereits wegen eines vergleichbaren Verstoßes abgemahnt?		
5. Ist eine Abmahnung wegen der Schwere des Verstoßes entbehrlich?		
6. Lässt sich der Grund für die Abmahnung belegen?		
7. Ist der Betriebsrat vor Ausspruch der Kündigung ordnungsgemäß angehört worden?		
8. Ist die Kündigung schriftlich erfolgt?		
9. Kann der Zugang der Kündigung an den Arbeitnehmer nachgewiesen werden?		

Die personenbedingte Kündigung

Bei der personenbedingten Kündigung liegt der Grund in der Person des Mitarbeiters, ohne dass er die Kündigung verschuldet hat.

Der Mitarbeiter ist beispielsweise aufgrund seiner Auffassungsgabe und trotz mehrfacher Schulungsmaßnahmen nicht in der Lage, eine computergesteuerte Maschine zu bedienen, er beherrscht die deutsche Sprache nicht ausreichend, um Bedienungsanleitungen erstellen zu können oder er verfügt nicht über ausreichende Fingerfertigkeit für die Montage von Kleinteilen.

In solchen Fällen kann der Mitarbeiter aus Gründen, die in seiner Person liegen, die Arbeiten nicht erbringen. Für diese Eignungsmängel ist er aber nicht verantwortlich, er hat sie nicht verschuldet.

Mithilfe der folgenden Checkliste prüfen Sie, ob eine personenbedingte Kündigung möglich und Erfolg versprechend ist. Wenn Sie alle Fragen mit Ja beantwortet haben, ist die Kündigung formell nicht zu beanstanden.

Checkliste: Durchführung einer personenbedingten Kündigung	✓	
Was müssen Sie prüfen?	Ja	Nein
1. Liegt der Kündigungsgrund in der Person des Mitarbeiters?		
2. Ist der Kündigungsgrund vom Mitarbeiter nicht verschuldet?		
3. Kommt eine Schulung oder Einarbeitung des Mitarbeiters in einen neuen Aufgabenbereich nicht in Betracht?		
4. Kommt eine Umsetzung oder Versetzung des Mitarbeiters nicht in Betracht?		
5. Ist der Betriebsrat vor Ausspruch der Kündigung ordnungsgemäß angehört worden?		
6. Ist die Kündigung schriftlich erfolgt?		
7. Kann der Zugang der Kündigung an den Arbeitnehmer nachgewiesen werden?		

Die krankheitsbedingte Kündigung

Fehlzeiten auch in der Zukunft

Der klassische Fall der personenbedingten Kündigung ist die krankheitsbedingte Kündigung. Der Kündigungsgrund liegt darin, dass mit erheblichen krankheitsbedingten Fehlzeiten auch in Zukunft zu rechnen ist. Da diese Prognose problematisch ist, wird zunächst der Krankheitsverlauf der letzten zwei bis vier Jahre betrachtet. Sind hier Krankheitszeiten von mehr als 30 Arbeitstagen pro Jahr gegeben und eine steigende Tendenz festzustellen, dann wird weiter geprüft, ob eine Kur- oder Heilmaßnahme bevorsteht oder aber eine Operation geplant ist. Diese Maßnahmen sollen den Gesundheitszustand wieder herstellen. Deshalb muss abgewartet werden, ob diese Maßnahmen Erfolg haben.

Negative Gesundheitsprognose

Wenn sich der Mitarbeiter selbst dahingehend äußert, dass mit einer Besserung nicht zu rechnen ist, oder wenn sich eine solche Prognose aus einem ärztlichen Bericht ergibt, dann ist die Voraussetzung der so genannten negativen Gesundheitsprognose erfüllt.

Fehlzeiten, die ihre Ursache in Unfällen oder Arbeitsunfällen haben, werden bei der Berechnung der Arbeitsunfähigkeitstage in der Vergangenheit nicht berücksichtigt.

Bei häufigen Kurzerkrankungen muss der Arbeitgeber die betrieblichen Auswirkungen der krankheitsbedingten Fehlzeiten nachweisen. Solche unzumutbaren betrieblichen Auswirkungen können beispielsweise sein:

- Entgeltfortzahlungskosten über sechs Wochen pro Jahr
- Verzögerungen im Betriebsablauf
- notwendige Mehrarbeit der Beschäftigten
- notwendiger Einsatz von Zeitarbeitnehmern
- Fremdvergabe der Arbeiten an Dritte
- fehlende Planungsmöglichkeit
- Fehlzeiten weit über dem betrieblichen Durchschnitt

Alternativarbeitsplatz vorhanden?

Weiter müssen Sie prüfen, ob die Fehlzeiten im Zusammenhang mit dem Arbeitsplatz des Mitarbeiters stehen, ob er an einem anderen Arbeitsplatz weiter beschäftigt werden kann, an dem sich die Krankheit nicht oder nicht so gravierend auswirkt. Das Bundesarbeitsgericht nennt einen solchen Alternativarbeitsplatz den sogenannten leidensgerechten Arbeitsplatz.

Ist ein Mitarbeiter im Lager z. B. seit längerer Zeit wegen eines Rückenleidens, das mittlerweile chronisch ist, arbeitsunfähig, prüfen Sie ob eine Weiterbeschäftigung an einem anderen Arbeitsplatz, der den Rücken weniger belastet – beispielsweise in der Montage oder im Einkauf bei der Warenbestellung – möglich ist.

Dies alles ist im Rahmen eines so genannten Betrieblichen Eingliederungsmanagements zu beurteilen. Sie führen mit dem Mitarbeiter das Gespräch über den Grund seiner Erkrankung, die Möglichkeiten des anderweitigen Einsatzes unter Berücksichtigung der vorliegenden Erkrankung mit dem Ziel des Erhalts des Arbeitsplatzes. Mithilfe der folgenden Checkliste prüfen Sie, ob eine krankheitsbedingte Kündigung möglich und Erfolg versprechend ist. Wenn Sie alle Fragen mit Ja beantwortet haben, ist die Kündigung formell nicht zu beanstanden.

Checkliste: Durchführung einer krankheitsbedingten Kündigung		✓
Was müssen Sie prüfen?	Ja	Nein
1. War der Mitarbeiter in den letzten zwei bis vier Jahren jährlich mehr als 30 Arbeitstage arbeitsunfähig?		
2. Sind in den Arbeitsunfähigkeitszeiten keine Zeiten in Folge von Unfällen oder Arbeitsunfällen enthalten?		
3. Ist die negative Zukunftsprognose durch eine Aussage des Mitarbeiters, eines Arztes oder des Betriebsarztes bestätigt?		
4. War eine Operation oder Kurmaßnahme erfolglos, so dass sich die Arbeitsunfähigkeitszeiten nicht reduziert haben?		
5. Sind bei häufigen Kurzerkrankungen auf Dauer unzumutbare betriebliche Belastungen feststellbar?		
6. Lassen sich die unzumutbaren betrieblichen Belastungen aufgrund häufiger Kurzerkrankungen auch beweisen?		
7. Kommt eine Umsetzungs- oder Versetzungsmöglichkeit auf einen leidensgerechten Arbeitsplatz nicht in Betracht?		
8. Ist das betriebliche Eingliederungsmanagement durchgeführt?		
9. Ist der Betriebsrat vor Ausspruch der Kündigung ordnungsgemäß angehört worden?		
10. Ist die Kündigung schriftlich erfolgt?		
11. Kann der Zugang der Kündigung an den Arbeitnehmer nachgewiesen werden?		

Die betriebsbedingte Kündigung

Der dritte Grund für eine Kündigung liegt im Betrieb, es handelt sich um die so genannte betriebsbedingte Kündigung. Die Beschäftigungsmöglichkeit für den Mitarbeiter fällt weg. Dies kann seinen Grund in außerbetrieblichen Umständen haben.

Beispielsweise hat ein Großkunde seinen Auftrag gekündigt und wird zukünftig nicht mehr bei Ihnen fertigen lassen, wodurch sich das Auftragsvolumen und damit auch der Produktionsbedarf verringern.

Der betriebsbedingte Grund kann aber auch innerbetrieblich verursacht sein.

Davon ist beispielsweise zu sprechen, wenn Sie eine neue Produktionsmaschine gekauft haben bei der die zu bearbeitenden Teile automatisch zugeführt werden, wodurch Sie nur noch einen Maschinenbediener statt bisher zwei Personen benötigen.

Vorübergehende Minderauslastung

Dieser Wegfall des Arbeitskräftebedarfs muss auf Dauer bestehen. Es darf sich nicht um eine nur vorübergehende Minderauslastung handeln.

Von einer nur vorübergehenden Minderauslastung wird z. B. auszugehen sein, wenn einer Ihrer Kunden derzeit Ihre Produkte nicht weiter verarbeiten kann, weil eine seiner Produktionsmaschinen still steht, die Wiederaufnahme der Produktion jedoch in einem halben Jahr geplant ist.

Kurzarbeit anmelden

Bei nur vorübergehendem Rückgang des Beschäftigungsbedarfs ist eine betriebsbedingte Kündigung die falsche Maßnahme. Hier muss zunächst einmal Kurzarbeit bei der Agentur für Arbeit angemeldet werden.

In manchen Tarifbereichen, so etwa der Metall- und Elektroindustrie, gibt es einen sogenannten Tarifvertrag zur Beschäftigungssicherung. Hier kann zur Vermeidung von Kurzarbeit oder von Entlassungen mit dem Betriebsrat vereinbart werden, die wöchentliche Arbeitszeit zu reduzieren, beispielsweise von 35 Stunden auf bis zu 30 Stunden; zugleich reduziert sich das Arbeitsentgelt der Mitarbeiter proportional entsprechend der Reduzierung der Arbeitszeit.

Sozialauswahl durchführen

Liegen tatsächlich Umstände vor, die eine betriebsbedingte Kündigung unumgänglich machen, so ist eine Sozialauswahl durchzuführen.

Dazu werden alle Mitarbeiter aufgelistet, die mit dem zu kündigenden Arbeitnehmer im Hinblick auf dessen Tätigkeit und Einsatzfähigkeit vergleichbar sind. Vergleichbar sind diejenigen Beschäftigten, die kraft Direktionsrecht durch eine Versetzung untereinander ausgetauscht werden könnten. Die dann zwischen den Beschäftigten vorzunehmende Sozialauswahl orientiert sich nach § 1 Kündigungsschutzgesetz dann ausschließlich an den nachfolgenden Kriterien:

- Lebensalter
- Dauer der Betriebszugehörigkeit
- Unterhaltspflichten
- ggf. Schwerbehinderteneigenschaft

Beachten Sie, dass diese Kriterien abschließend sind, es also keine weiteren Kriterien für die Sozialauswahl gibt. Sie können bei der betriebsbedingten Kündigung und der durchzuführenden Sozialauswahl weder Leistungs- noch Verhaltensbeurteilungen als Auswahlkriterium heranziehen.

Bevor nun aber das Arbeitsverhältnis gekündigt werden kann, prüfen Sie weiter, ob Sie den betreffenden Mitarbeiter anderweitig beschäftigen können, wenn

- Sie einen freien Arbeitsplatz haben, der zu besetzen ist,
- der Mitarbeiter diesen Arbeitsplatz unmittelbar oder innerhalb einer Anlernzeit von 4 bis 12 Wochen einnehmen kann.

Berücksichtigen Sie unbedingt, dass der Betriebsrat vor jeder Kündigung eines Arbeitnehmers anzuhören ist, auch vor einer Kündigung innerhalb der ersten sechs Monate.

Mithilfe der folgenden Checkliste prüfen Sie, ob eine betriebsbedingte Kündigung möglich und Erfolg versprechend ist. Wenn Sie alle Fragen mit Ja beantwortet haben, ist die Kündigung formell nicht zu beanstanden.

Checkliste: Durchführung einer betriebsbedingten Kündigung		✓	
Was müssen Sie prüfen?		Ja	Nein
1.	Ist die Beschäftigungsmöglichkeit des Mitarbeiters weggefallen?		
2.	Kann der Wegfall der Beschäftigungsmöglichkeit nachgewiesen werden?		
3.	Ist der Wegfall der Beschäftigungsmöglichkeit auf Dauer gegeben?		
4.	Wirkt sich der Wegfall der Beschäftigungsmöglichkeit direkt auf den Arbeitsplatz aus?		
5.	Ist eine Sozialauswahl unter vergleichbaren Arbeitnehmern im Betrieb vorgenommen worden?		
6.	Besteht kein besonderer Kündigungsschutz (z.B. bei Betriebsräten)?		
7.	Gibt es keine anderweitige Beschäftigungsmöglichkeit für den Arbeitnehmer?		
8.	Ist der Betriebsrat vor Ausspruch der Kündigung ordnungsgemäß angehört worden?		
9.	Ist die Kündigung schriftlich erfolgt?		
10.	Kann der Zugang der Kündigung an den Arbeitnehmer nachgewiesen werden?		

10 Arbeitszeugnisse und Bescheinigungen ausstellen

10.1 Das einfache und das qualifizierte Arbeitszeugnis

Bei Beendigung eines Arbeitsverhältnisses werden Sie dem Arbeitnehmer ein schriftliches Zeugnis ausstellen. Dies ergibt sich aus § 109 i. V. m. § 6 Abs. 2 der Gewerbeordnung. Während des Arbeitsverhältnisses kann dem Arbeitnehmer ein Anspruch auf Erteilung eines Zwischenzeugnisses zustehen, wenn er ein berechtigtes Interesse daran hat.

Das einfache Arbeitszeugnis

Das so genannte einfache Arbeitszeugnis wird oftmals auch als Arbeitsbescheinigung bezeichnet. Es ist eine einfache Beschreibung der Person des Arbeitnehmers und der betrieblichen Daten.

Das einfache Zeugnis muss die folgenden Angaben enthalten:
- Name, Vorname, gegebenenfalls Geburtsdatum des Arbeitnehmers (zur eindeutigen Identifikation)
- Anschrift des Arbeitnehmers
- Datum des Eintritts in das Unternehmen
- Beschreibung der Art der Beschäftigung
- Beschreibung von Schulungs- und Qualifizierungsmaßnahmen während des Arbeitsverhältnisses
- Beschreibung von vorhandenen Fähigkeiten und Erfahrungen des Mitarbeiters, die für die Tätigkeit erforderlich waren
- Zeitpunkt der Beendigung des Arbeitsverhältnisses

Die Art der Beschäftigung muss so umfassend beschrieben sein, dass sich außenstehende Dritte ein eindeutiges Gesamtbild über die bisherige Tätigkeit des Arbeitnehmers machen können. Der Zeugnisleser sollte beurteilen können, ob der Bewerber für die neue Stelle geeignet ist. Bei der Dauer der Beschäftigung ist von der rechtlichen Dauer des Arbeitsverhältnisses auszugehen. Unterbrechungen bleiben üblicherweise unberücksichtigt.

Die folgende Checkliste gibt eine Übersicht, welche Angaben in einem einfachen Arbeitszeugnis gemacht werden müssen. Darüber hinaus finden sie in Kapitel 10.3 Textbausteine, mit denen Sie schnell ein rechtssicheres Arbeitszeugnis erstellen können.

Checkliste: Bestandteile eines einfachen Arbeitszeugnisses	✓
1.	Name, Vorname des Arbeitnehmers	
2.	Adresse des Arbeitnehmers	
3.	Beginn der Beschäftigung	
4.	Beschreibung der Tätigkeit	
5.	Beschreibung von Qualifizierungsmaßnahmen	
6.	Beschreibung von sonstigen Kenntnissen und Fähigkeiten, die für die Tätigkeit erforderlich waren	
7.	Datum der Beendigung des Arbeitsverhältnisses	

Das qualifizierte Arbeitszeugnis

Das qualifizierte Zeugnis ergänzt das einfache Zeugnis um eine Leistungs- und eine Verhaltensbeurteilung.

Der Arbeitnehmer muss den Anspruch auf das qualifizierte Zeugnis ausdrücklich geltend machen. Sie sind nicht verpflichtet, von sich aus, dem Mitarbeiter eine Verhaltens- und Leistungsbeurteilung zukommen zu lassen.

Welchen Inhalt im Einzelnen das qualifizierte Zeugnis haben muss, ergibt sich aus der doppelten Zielsetzung des Zeugnisses:

Das qualifizierte Zeugnis dient dem Arbeitnehmer als Referenz für eine neue Bewerbung. Seine Belange sind gefährdet, wenn er schlecht bewertet wird. Deshalb soll das Zeugnis wohlwollend ausgestellt sein und das weitere Fortkommen des Arbeitnehmers nicht unnötig erschweren.

Andererseits dient das Zeugnis der Information eines Dritten, der einen geeigneten Arbeitnehmer sucht und einstellen will. Dessen Belange sind gefährdet, wenn der Arbeitnehmer überbewertet wird.

Aus dem notwendigen Ausgleich dieser möglicherweise widerstreitenden Interessen ergibt sich deshalb als oberster Grundsatz der Zeugniserteilung: Das Zeugnis muss wahr sein.

Der Grundsatz der Zeugniswahrheit bedeutet konkret: Das Zeugnis muss alle wesentlichen Tatsachen und Bewertungen enthalten, die für die Gesamtbeurteilung des Arbeitnehmers von Bedeutung sind. Das schließt aus, dass Sie einmalige Vorfälle oder Umstände, die für den Arbeitnehmer, seine Führung und Leistung nicht charakteristisch sind – seien sie nun für den Arbeitnehmer vorteilhaft oder nachteilig –, aufnehmen oder verallgemeinern dürfen. Diese besonderen Vorfälle oder Umstände müssen Sie vielmehr gegenüber dem Gesamtbild abwägen.

Das zweite Ziel des Zeugnisses, die Unterrichtung eines Dritten, darf jedoch nur soweit verfolgt werden, wie es das berechtigte Interesse des Dritten verlangt. Sie dürfen daher wahre Tatsachen und Beurteilungen nur insoweit in das Zeugnis aufnehmen, als ein künftiger Arbeitgeber hieran ein berechtigtes Interesse haben kann. Denn das Zeugnis muss von verständigem Wohlwollen gegenüber dem Arbeitnehmer getragen sein und darf ihm das weitere Fortkommen nicht ungerechtfertigt erschweren.

Die Leistungsbeurteilung im Arbeitszeugnis

Bei der Leistungsbeurteilung geben Sie ein Bild davon ab, wie Sie die Arbeitsleistung des Mitarbeiters bewerten. Im Einzelnen werden hier folgende Punkte berücksichtigt:

- Fachkenntnisse des Mitarbeiters und deren Anwendung in der Praxis
- Arbeitsqualität
- Einhaltung von Arbeitsanweisungen
- Initiative des Mitarbeiters
- Fleiß des Mitarbeiters

Diese Bereiche der Leistungsbeurteilung sind noch relativ einfach im Arbeitszeugnis zu beschreiben. Sie lassen sich objektiv nachweisen und beschreiben. Entsprechend entstehen in diesem Bereich nur selten Probleme, die vor dem Arbeitsgericht ausgetragen und entschieden werden müssen.

Neben der einfachen Beschreibung der Arbeitsleistung, etwa dem Einsatz von Fachkenntnissen, werden Sie die gezeigte Leistung des Mitarbeiters auch bewerten.

Entwicklung einer Zeugnissprache

In den letzten Jahrzehnten hat sich eine eigene Zeugnissprache entwickelt, die insbesondere die Formulierung von Leistungs-, aber auch Verhaltensbeurteilungen betrifft. Einzelne Worte oder sprachliche Wendungen haben eine besondere Bedeutung bekommen, die oftmals nicht dem gewöhnlichen Sprachgebrauch entsprechen. Auch wenn Sie diese differenzierte Zeugnissprache – aus verständlichen Gründen – ablehnen, so wird jeder Mitarbeiter Wert darauf legen, dass Sie sich an diese Sprachmuster halten. Der Arbeitnehmer hat sogar ein Recht auf die Verwendung der Zeugnissprache, das er vor dem Arbeitsgericht auch durchsetzen kann. Deshalb sollten Sie die in der

Rechtsprechung entwickelte und in der Praxis etablierte Zeugnissprache auch anwenden.

Die Führungs- und Verhaltensbeurteilung

Die Führungs- und Verhaltensbeurteilung ist der Bereich im Arbeitszeugnis, in dem Sie beschreiben und beurteilen, wie sich der Mitarbeiter in Ihrem Unternehmen verhalten hat. Im Einzelnen werden hier folgende Verhaltensaspekte angesprochen:

- Sozialverhalten
- Umgang mit Vorgesetzten
- Umgang mit Kollegen
- Umgang mit unterstellten Mitarbeitern (Führungsfähigkeit)
- Umgang mit externen Dritten (Kunden, Lieferanten, Beratern)

In der Führungs- und Verhaltensbeurteilung kann beispielsweise auch erwähnt werden, wie sich der Arbeitnehmer gegenüber Zeitarbeitskräften verhalten hat.

Freizeitverhalten wird nicht erwähnt

Im Arbeitszeugnis wird ausschließlich das Verhalten im Betrieb beurteilt. Außerbetrieblicher Umgang und das Verhalten in der Freizeit darf grundsätzlich nicht erwähnt werden, wenn sich das Freizeitverhalten nicht direkt auf das Arbeitsverhältnis auswirkt.

Auch für den Bereich der Verhaltensbeurteilung hat sich eine besondere Zeugnissprache entwickelt, die Sie verwenden sollten, um Streit vor dem Arbeitsgericht zu vermeiden.

Die Form des Arbeitszeugnisses

Das Zeugnis muss klar und verständlich formuliert werden. Es darf keine Merkmale oder Formulierungen enthalten, die den Zweck haben, eine andere als die aus der äußeren Form oder aus dem Wortlaut ersichtliche Aussage über den Arbeitnehmer zu treffen.

Weil das Zeugnis der Mitteilung an Dritte dient und wahr sein muss, darf es vor allem infolge des gewählten Ausdrucks oder der gewählten Satzstellung nicht zu Irrtümern oder Mehrdeutigkeiten führen. Solche Irrtümer und Mehrdeutigkeiten können z.B. dann entstehen, wenn üblicherweise aufgenommene Sätze ausgelassen werden.

Das Arbeitszeugnis wird in der Regel im Zusammenhang seines gesamten Inhalts verstanden. Die einzelnen beurteilten Qualifikationen des Arbeitnehmers sind so eng miteinander verflochten, dass die eine nicht ohne die Beziehung zur anderen betrachtet werden kann.

Der Arbeitnehmer hat keinen Anspruch auf die Verwendung einer Schlussformel. Wenn im Arbeitszeugnis eine Schlussformel enthalten ist, darf sie allerdings der Gesamtbeurteilung im Zeugnis nicht widersprechen.

Die folgende Checkliste gibt eine Übersicht, welche Angaben in einem qualifizierten Arbeitszeugnis gemacht werden müssen. Darüber hinaus finden sie in Kapitel 10.3 Textbausteine, mit denen Sie schnell ein rechtssicheres Arbeitszeugnis erstellen können.

Checkliste: Bestandteile eines qualifizierten Arbeitszeugnisses	✓
1.	Name, Vorname des Arbeitnehmers	
2.	Adresse des Arbeitnehmers	
3.	Beginn der Beschäftigung	
4.	Beschreibung der Tätigkeit	
5.	Beschreibung von Qualifizierungsmaßnahmen	
6.	Beschreibung von sonstigen Kenntnissen und Fähigkeiten, die in der Position benötigt wurden	
7.	Beschreibung des Verhaltens des Arbeitnehmers gegenüber Vorgesetzten	
8.	Beschreibung des Verhaltens des Arbeitnehmers gegenüber Mitarbeitern, die ihm unterstellt sind (Führungsfähigkeit)	
9.	Beschreibung des Verhaltens des Arbeitnehmers gegenüber Kollegen	
10.	Beschreibung des Verhaltens des Arbeitnehmers gegenüber Dritten (Kunden, Lieferanten, Behörden, Werknehmern etc.)	
11.	Beschreibung des Leistungsverhaltens des Arbeitnehmers	

10.2 Ausstellen einer Arbeitsbescheinigung

Zeugnis für Mitarbeiter ohne Festanstellung

Neben den Arbeitszeugnissen, die nur für Arbeitnehmer gesetzlich geregelt sind, können Sie auch Mitarbeitern ohne Festanstellung ein Zeugnis über die erledigten Arbeiten ausstellen. Dies kann schon deshalb sinnvoll sein, damit der freie Mitarbeiter, der Werknehmer, aber auch die anderen Mitarbeiter ohne Festanstellung ein Dokument besitzen, das sie als Referenz verwenden können.

Auch für Sie ist eine solche Bescheinigung von Vorteil. Wenn Sie wieder einmal bestimmte Arbeiten zu vergeben haben, können Sie auf Ihre Bescheinigung bei der Auswahl des richtigen Mitarbeiters ohne Festanstellung zurückgreifen.

Welche Bestandteile gehören in eine Arbeitsbescheinigung?
Für die Arbeitsbescheinigung wählen Sie einen ähnlichen Aufbau wie bei den Arbeitszeugnissen:

- Name, Vorname des zu Beurteilenden
- Zeitraum der Durchführung der Aufgabe
- Möglichst detaillierte Beschreibung der Aufgabe
- Art der Durchführung der Aufgabe
- Beurteilung der Zuverlässigkeit
- Beurteilung der Zusammenarbeit
- Beurteilung von Leistung und Verhalten

Beim Verfassen einer Arbeitsbescheinigung sind Sie nicht eng an entwickelte Formulierungsmuster gebunden. Sie können die Worte freier und gegebenenfalls treffender wählen, als dies bei Arbeitszeugnissen der Fall ist. Insbesondere bei der Arbeitsaufgabe sollten Sie so detailliert als möglich eine Beschreibung abgeben, damit ein Dritter eine konkrete Vorstellung von der Tätigkeit bekommt.

Selbstverständlich werden die Tätigkeiten und Aufgaben in der Arbeitsbescheinigung nur soweit beschrieben, dass keine Betriebs- oder Geschäftsgeheimnisse gefährdet werden.

10.3 Textbausteine für das Abschlusszeugnis

Für die Leistungsbeurteilung, die Beschreibung der Führungs- und Verhaltensleistung sowie für die Schlussformulierung helfen Ihnen Textbausteine, die in den folgenden Tabellen nach Notenstufen sortiert sind.

Textbausteine für die Beurteilung der Leistung

	Der Mitarbeiter hat die ihm übertragenen Aufgaben …
Sehr gute Leistungen	stets zu unserer uneingeschränkten Zufriedenheit erledigt.
Sehr gute bis gute Leistungen	stets zu unserer vollen Zufriedenheit erledigt.
Vollbefriedigende Leistungen	zu unserer vollen Zufriedenheit erledigt.
Befriedigende Leistungen	stets zu unserer Zufriedenheit erledigt.
Ausreichende Leistungen	zu unserer Zufriedenheit erledigt.
Mangelhafte Leistung	im Großen und Ganzen zu unserer Zufriedenheit erledigt.
Unzureichende Leistung	zu unserer Zufriedenheit versucht zu erledigen.

Textbausteine für die Beurteilung des Fachkönnens

Das Fachkönnen kann wie folgt beschrieben werden:

Notenstufe	Textbaustein
Sehr gute Beurteilung	Er beherrscht seinen Arbeitsbereich umfassend und überdurchschnittlich, sicher und vollkommen. Er findet sich in neuen Situationen sicher zu Recht.
Sehr gute Beurteilung	Sie besitzt Kenntnisse auch in Nachbargebieten ihres Arbeitsbereichs, findet optimale Lösungen und entwickelt neue Ideen.
Gute Beurteilung	Er beherrscht seinen Arbeitsbereich überdurchschnittlich. In neuen Situationen findet er sich zu Recht.
Gute Beurteilung	Sie arbeitet selbstständig und sicher. Sie findet gute Lösungen und hat neue Ideen.
Befriedigende Beurteilung	Er beherrscht seinen Arbeitsbereich entsprechend den Anforderungen und passt sich neuen Situationen erfolgreich an.
Befriedigende Beurteilung	Sie hat gute Erfahrungen und findet brauchbare Lösungen.
Mangelhafte Beurteilung	Er beherrscht seinen Arbeitsbereich im Allgemeinen entsprechend den Anforderungen. Er bewältigt neue Situationen manchmal nicht ohne Schwierigkeiten.
Mangelhafte Beurteilung	Sie zeigt trotz guter Erfahrungen nicht selten Unsicherheiten.

Textbausteine für die Führungs- und Verhaltensbeurteilung

Folgende Formulierungen können Sie verwenden:

Notenstufe	Textbaustein
Sehr gute Beurteilung	Durch ihre charakterliche Integrität, ihr aktives und konstruktives Wesen war sie stets bei Geschäftsführung, Management und bei den Mitarbeitern gleichermaßen sehr anerkannt und beliebt.
Sehr gute Beurteilung	Wegen seines Kooperationsvermögens, seiner Vertrauenswürdigkeit und seiner verbindlichen, aber bestimmten Verhaltensweise war er bei Vorgesetzten, Kollegen und Mitarbeitern anerkannt und sehr geschätzt. Auch in den anderen Betrieben unseres Unternehmens war er stets gerne gesehen.
Sehr gute Beurteilung	Ihr Verhalten gegenüber Vorgesetzten, Kollegen und Mitarbeitern war stets einwandfrei.
Gute Beurteilung	Durch seine Integrität, sein aktives und kooperatives Wesen war er bei Geschäftsleitung, im Management und bei den Mitarbeitern sehr anerkannt und beliebt.
Gute Beurteilung	Wegen ihrer Vertrauenswürdigkeit und ihrer verbindlichen, aber bestimmten Verhaltensweise war sie bei Vorgesetzten, Kollegen und Mitarbeitern gleichermaßen anerkannt und geschätzt. Auch in anderen Bereichen unseres Unternehmens wurde sie gerne gesehen.
Gute Beurteilung	Sein Verhalten gegenüber Vorgesetzten, Kollegen und Mitarbeitern war einwandfrei.
Befriedigende Beurteilung	Durch ihr Wesen war sie bei der Geschäftsleitung, im Management und bei den Mitarbeitern gleichermaßen anerkannt und beliebt.
Befriedigende Beurteilung	Wegen seiner Vertrauenswürdigkeit und seiner verbindlichen, aber bestimmten Verhaltensweise war er bei Mitarbeitern, Kollegen und Vorgesetzten gleichermaßen anerkannt und geschätzt.
Befriedigende Beurteilung	Ihr Verhalten gegenüber Mitarbeitern, Kollegen und Vorgesetzten war einwandfrei.
Ausreichende Beurteilung	Aufgrund seines kooperativen Wesens war er allseits anerkannt.
Ausreichende Beurteilung	Wegen ihrer verbindlichen Verhaltensweise war sie bei den Mitarbeitern anerkannt und geschätzt.
Ausreichende Beurteilung	Sein Verhalten gegenüber Vorgesetzten, Kollegen und Mitarbeitern war zufriedenstellend.

Notenstufe	Textbaustein
Mangelhafte Beurteilung	Durch ihre kooperationsgeneigte Art war sie bei den Mitarbeitern und auch im Management anerkannt.
Mangelhafte Beurteilung	Seine verbindliche Verhaltensweise war allseits anerkannt und geschätzt.
Mangelhafte Beurteilung	Ihr Verhalten gegenüber Mitarbeitern, Kollegen und Vorgesetzten war insgesamt einwandfrei.

Textbausteine für die Schlussformulierung

Auch wenn Abschlussformulierungen im Arbeitszeugnis nicht verpflichtend sind, also nicht vor dem Arbeitsgericht erstritten werden können, runden sie das Bild ab:

Notenstufe	Textbaustein
Sehr guter Bereich	Wir bedauern sehr, eine so exzellente Fach- und Führungskraft zu verlieren. Für die stets vorbildliche Leistung des von ihm geführten Bereichs sind wir ihm zu großem Dank verpflichtet. Er hat einen entscheidenden Beitrag zur Entwicklung des Unternehmens und des Goodwills unserer Firma geleistet.
Sehr guter Bereich	Wir danken ihr für die stets sehr gute und produktive Zusammenarbeit und bedauern sehr, sie zu verlieren. Zugleich haben wir Verständnis dafür, dass sie die ihr gebotene einmalige Chance nutzt.
Sehr guter Bereich	Wir danken ihm für die stets sehr hohen Leistungen und bedauern den Verlust dieses sehr guten Facharbeiters. Seinen späteren Wiedereintritt in unseren Betrieb würden wir sehr begrüßen.
Guter Bereich	Wir bedauern, eine so gute Fach- und Führungskraft zu verlieren. Für die stets gute Leitung des von ihr geführten Bereiches sind wir ihr zu großem Dank verpflichtet. Sie hat einen großen Beitrag zur Unternehmensentwicklung geleistet.
Guter Bereich	Wir danken ihm für die stets gute Zusammenarbeit und bedauern sehr, ihn zu verlieren. Zugleich haben wir Verständnis dafür, dass er die ihm gebotene einmalige Chance nutzt.
Guter Bereich	Wir danken ihr für ihre hohen Leistungen und bedauern den Verlust dieser guten Fachkraft.
Befriedigender Bereich	Wir bedauern, eine so gute Fach- und Führungskraft zu verlieren. Für die gute Leitung des von ihm geführten Bereichs danken wir ihm.
Befriedigender Bereich	Wir danken ihr für die gute Zusammenarbeit und bedauern, sie zu verlieren. Zugleich haben wir Verständnis dafür, dass sie die ihr gebotene Chance nutzt.

Notenstufe	Textbaustein
Befriedigender Bereich	Wir danken ihm für die gute Leistung und bedauern den Verlust dieses Facharbeiters.
Ausreichender Bereich	Für die Leitung des von ihr geführten Bereichs bedanken wir uns.
Ausreichender Bereich	Wir bedanken uns für die Zusammenarbeit.
Ausreichender Bereich	Wir bedanken uns für die Zugehörigkeit zu unserem Hause.
Mangelhafter Bereich	(keine Abschlussformulierung)

11 Alle wichtigen Vertragsmuster

Auf den folgenden Seiten finden Sie fünf Vertragsmuster, mit denen Sie die Zusammenarbeit mit Mitarbeitern ohne Festanstellung rechtlich absichern können.

11.1 Muster 1: Freier Mitarbeitervertrag

Vereinbarung zwischen

_____

[im Folgenden Dienstgeber genannt]

und

Frau/Herrn _____

[im Folgenden Dienstnehmer genannt]

§1 Tätigkeiten
Der Dienstnehmer übernimmt als freier Mitarbeiter für den Dienstgeber im Bereich _____ folgende Aufgaben:

a) ...

b) ...

c) ...

[oder:]

Die Aufgaben werden jeweils durch eine gesonderte Vereinbarung festgelegt.

Der Dienstnehmer verpflichtet sich, die benannten Aufträge innerhalb einer Frist von _____ zu erledigen.

[oder:]

Der Dienstnehmer verpflichtet sich, die benannten Aufträge bis zum _____ zu erledigen.

[oder:]

Der Dienstnehmer unterrichtet den Dienstgeber monatlich / vierteljährlich über den Stand der übertragenen Dienste und legt entsprechende Zwischenberichte vor.

Der Dienstgeber stellt dem Dienstnehmer alle für die Tätigkeit notwendigen Informationen, Unterlagen und Hilfsmittel zur Verfügung.

§ 2 Weisungsfreiheit
Der Dienstnehmer kann Zeit und Ort seiner Tätigkeit frei bestimmen. Er unterliegt insoweit keinen Weisungen des Dienstgebers.

[oder:]

Der Dienstnehmer ist in der Bestimmung seines Arbeitsortes frei. Einen Teil seiner Tätigkeit kann / wird er nach eigener Einschätzung in den Geschäftsräumen des Dienstgebers erbringen.

§ 3 Vergütung
Der Dienstnehmer erhält für seine Tätigkeit ein Stunden-/Monats-/ Jahreshonorar in Höhe von EUR ____ zuzüglich der anfallenden gesetzlichen Mehrwertsteuer, derzeit 19 %.

[oder:]

Für die Dienstleistung erhält der Dienstnehmer nach Abschluss seiner Dienste ein Honorar in Höhe von EUR ____ zuzüglich der anfallenden gesetzlichen Mehrwertsteuer, derzeit 19 %.

[oder:]

Für den erfolgreichen Abschluss der Dienste erhält der Dienstnehmer ein Erfolgshonorar in Höhe von EUR ____ zuzüglich der gesetzlichen Mehrwertsteuer, derzeit 19 %.

Mit Zahlung der Vergütung sind alle Ansprüche des Dienstnehmers gegen den Dienstgeber mit Ausnahme des Ersatzes notwendiger Auslagen nach § 4 dieser Vereinbarung erfüllt.

§4 Aufwendungsersatz

Die für die Tätigkeit erforderlichen und nachgewiesenen Aufwendungen werden dem Dienstnehmer erstattet.

Die Reisekosten werden in tatsächlich angefallener Höhe ersetzt. Bei der Benutzung öffentlicher Verkehrsmittel werden Fahrtkosten der ___ Klasse ersetzt. Bei der Benutzung des eigenen PKW werden EUR ___ je gefahrenen Kilometer ersetzt. Der Dienstnehmer ist verpflichtet, ein Fahrtenbuch zu führen.

Tagesspesen werden analog den jeweils gültigen Lohnsteuerrichtlinien bezahlt.

Die Aufwendungen und Reisekosten werden nach Vorlage der entsprechenden Nachweise monatlich/vierteljährlich abgerechnet.

§5 Fälligkeit

Das Honorar nach § 3 dieser Vereinbarung wird jeweils zum Monatsende nach Vorlage der entsprechenden Rechnung des Dienstnehmers fällig. Die Auszahlung erfolgt auf eine vom Dienstnehmer anzugebende Kontoverbindung.

§6 Sonstige Pflichten des Dienstnehmers

Der Dienstnehmer ist verpflichtet, über die Verhältnisse des Dienstgebers, insbesondere die Informationen und Ergebnisse, die dem Geschäfts- und Betriebsgeheimnis unterliegen, Stillschweigen zu bewahren. Dies gilt auch für die Zeit nach Beendigung des freien Mitarbeiterverhältnisses.

Sämtliche Unterlagen, die der Dienstnehmer im Zusammenhang seiner Tätigkeit übergeben werden, sind nach der Beendigung des Vertrags mit dem Dienstgeber zurückzugeben.

§7 Anderweitige Tätigkeiten / Wettbewerb

Dem Dienstnehmer steht es selbstverständlich frei, auch für andere Unternehmen tätig zu werden. Dies gilt nicht für Unternehmen, die im Wettbewerb mit dem Dienstgeber stehen.

§8 Dienstergebnisse

Alle Ergebnisse der Tätigkeit des Dienstnehmers stehen dem Dienstgeber zur Verfügung. Dies gilt auch für urheberrechtlich geschützte Arbeitsergebnisse. Mit dem Honorar sind auch alle Urheberrechte abgegolten.

§9 Haftung und Gewährleistung

Der Dienstnehmer übernimmt für seine Leistungen im Rahmen dieses Vertrags die Haftung und Gewährleistung nach den Vorschriften des BGB. Dies gilt auch für Erfüllungsgehilfen.

§10 Hinweispflichten des Dienstnehmers

Der Dienstnehmer wird den Dienstgeber unaufgefordert über die Tatsachen informieren, die eine Vermutung der Scheinselbstständigkeit begründen können.

§11 Laufzeit und Kündigung

Der Vertrag beginnt am _____

Er endet am _____

[oder:]

Er kann von beiden Seiten mit einer Frist von _____ zum _____ gekündigt werden.

Die Kündigung bedarf zu ihrer Gültigkeit der Schriftform.

§12 Nebenabreden / Schriftformerfordernis

Nebenabreden sind nicht getroffen. Änderungen und Ergänzungen des Vertrags sind nur gültig, wenn sie schriftlich erfolgen. Dies gilt auch für die Aufhebung des Schriftformerfordernisses. Die etwaige Unwirksamkeit einzelner Vertragsbestimmungen berührt die Wirksamkeit der übrigen Bestimmungen nicht.

_____   _____

Ort, Datum   Ort, Datum

_____   _____

(Unterschrift Dienstgeber)   (Unterschrift Dienstnehmer)

11.2   Muster 2: Arbeitnehmerüberlassungsvertrag

Arbeitnehmerüberlassungsvertrag
Zwischen

und

Y-GmbH _____

[im Folgenden Verleiher genannt]

§1 Erlaubnis der Arbeitnehmerüberlassung
Der Verleiher besitzt die unbefristete Erlaubnis zur gewerbsmäßigen Überlassung von Arbeitnehmern nach §1 Abs. 1 AÜG, ausgestellt durch die Bezirksdirektion _____ der Agentur für Arbeit.

[oder:]

Der Verleiher besitzt die bis zum ____ befristete Erlaubnis zur gewerbsmäßigen Überlassung von Arbeitnehmern nach §1 Abs. 1 AÜG, ausgestellt durch die Bezirksdirektion ____ der Agentur für Arbeit.

Eine Kopie der aktuellen Erlaubnis ist dem Entleiher unter Vorlage des entsprechenden Originals mit Abschluss dieser Vereinbarung übergeben worden.

Der Verleiher verpflichtet sich, den Entleiher unverzüglich schriftlich davon zu unterrichten, sobald die Erlaubnis wegfällt.

§2 Überlassung
Der Verleiher verpflichtet sich, dem Entleiher folgende Mitarbeiter zur Arbeitsleistung zu überlassen:

1. [Name, Vorname, Geburtsdatum, Qualifikation, Art der Tätigkeit]

2. [Name, Vorname, Geburtsdatum, Qualifikation, Art der Tätigkeit]

3. [Name, Vorname, Geburtsdatum, Qualifikation, Art der Tätigkeit]

Die Überlassung beginnt am _____

[oder:]

Die Überlassung beginnt am ____ und endet am ____, ohne dass es einer Kündigung bedarf. Zuvor kann der Vertrag von beiden Seiten unter Einhaltung einer Frist von ____ Tagen gekündigt werden.

[oder:]

Die Überlassung beginnt am ____ und endet mit Erledigung der benannten Aufgaben. Der Entleiher informiert den Verleiher über den genauen Termin mindestens 10 Tage zuvor. Zuvor kann der Vertrag von beiden Seiten unter Einhaltung einer Frist von ____ Tagen gekündigt werden.

Der Zeitarbeitnehmer wird dem Entleiher lediglich zur Durchführung der oben benannten Tätigkeiten zur Verfügung gestellt.

Er darf deshalb nur die Arbeitsmittel benutzen, die für diese Tätigkeit notwendig sind.

Der Entleiher ist befugt, dem Zeitarbeitnehmer alle Weisungen zu erteilen, die nach Art und Umfang in den oben benannten Tätigkeitsbereich fallen. Der Verleiher tritt dem Entleiher insoweit seine Ansprüche gegen den Zeitarbeitnehmer auf Arbeitsleistung mit dessen Einverständnis ab. Im Übrigen bleibt der Verleiher auch weiterhin alleiniger Arbeitgeber des Zeitarbeitnehmers.

Der Verleiher stellt sicher, dass der Zeitarbeitnehmer in den Arbeitsablauf des Betriebes des Entleihers eingegliedert werden kann, dass dieser auch bereit ist zur Ableistung von Mehrarbeit sowie von Arbeit in Wechsel- oder Nachtschicht.

§3 Eignung des Zeitarbeitnehmers

Der Verleiher hat die berufliche Eignung des Zeitarbeitnehmers für die vorgesehene Tätigkeit überprüft. Er verpflichtet sich, auf Verlangen des Entleihers entsprechende Qualifikationsnachweise vorzulegen.

Der Entleiher behält sich die Möglichkeit der Eignungsprüfung vor.

§4 Wesentliche Arbeitsbedingungen des Zeitarbeitnehmers während der Überlassungsdauer

Für vergleichbare Stammarbeitnehmer des Entleihers gelten folgende wesentliche Arbeitsbedingungen einschließlich des Arbeitsentgelts:

§5 Stundensätze

Es wird eine Vergütung in Höhe von EUR ____ pro Stunde zuzüglich der jeweils geltenden Mehrwertsteuer, derzeit von 19% vereinbart.

Mehrarbeit, Nacht-, Sonn- und Feiertagsarbeit werden mit folgenden Zuschlägen vergütet:

- Mehrarbeit: ____ %

- Sonntagsarbeit: ____ %

- Feiertagsarbeit: ____ %

Die Abrechnung erfolgt auf Grund der vom Entleiher unterzeichneten Nachweise. Die Bezahlung erfolgt nach effektiv geleisteten Arbeitsstunden.

§6 Überlassung nichtdeutscher Arbeitnehmer

Der Verleiher verpflichtet sich, im Falle der Überlassung nichtdeutscher Arbeitnehmer, die eine Aufenthalts- und Arbeitsgenehmigung bedürfen, dieselben dem Entleiher vorzulegen.

§7 Austausch von Arbeitnehmern/Vertragsstrafe

Ist der Entleiher mit der Arbeitsleistung oder dem Verhalten des Zeitarbeitnehmers nicht zufrieden, kann er diesen durch schriftliche Erklärung gegenüber dem Verleiher mit einer Ankündigungsfrist von ____ Tagen zurückweisen. Der Verleiher hat auf Anforderung des Entleihers sofort geeigneten Ersatz zu stellen.

Gleiches gilt bei entschuldigtem oder unentschuldigtem Fehlen des Zeitarbeitnehmers.

Liegt ein Anlass vor, der einen Arbeitgeber zur personen- oder verhaltensbedingten Kündigung berechtigen würde, kann der Entleiher den Zeitarbeitnehmer durch schriftliche Erklärung gegenüber dem Verleiher für die nächstfolgende Arbeitsschicht zurückweisen und sofortigen geeigneten Ersatz verlangen. Bei einem Grund nach §626 Abs. 1 BGB kann der Entleiher den Zeitarbeitnehmer sofort des Arbeitsplatzes verweisen und vom Verleiher sofortigen geeigneten Ersatz verlangen.

Kann der Verleiher in diesen Fällen keinen oder nicht rechtzeitig geeigneten Ersatz stellen, wird eine Vertragsstrafe von EUR ____ fällig.

§8 Abführung von Sozialversicherungsbeiträgen

Gemäß §28 e Abs. 2 SGB IV haftet der Entleiher für die Abführung der Sozialversicherungsbeiträge durch den Verleiher wie ein selbstschuldnerischer Bürge. Die Haftung ist der Höhe nach begrenzt auf die Beitragsschulden, die während des Zeitraumes der Überlassung des Zeitarbeitnehmers entstehen. Im Hinblick auf diese Haftung verpflichtet sich der Verleiher, dem Entleiher eine entsprechende Sicherheit, entweder durch Bürgschaft oder durch Garantieerklärung in Höhe von EUR ____ zu stellen.

Der Entleiher kann vom Verleiher die Vorlage einer Bescheinigung über die Abführung der Beiträge an die zuständigen Stellen verlangen.

Wird der Entleiher gemäß §28 e Abs. 2 SGB IV von der zuständigen Einzugsstelle in Anspruch genommen, ist er berechtigt, die dem Verleiher geschuldete Vergütung nach §5 dieser Vereinbarung in Höhe der von der jeweiligen Einzugsstelle geltend gemachten Forderung einzubehalten, bis der Verleiher nachweist, dass er die Beträge ordnungsgemäß abgeführt hat.

§9 Haftung im Schadensfall

Für etwaige Schäden, die der ordnungsgemäß ausgewählte Zeitarbeitnehmer während seiner Tätigkeit beim Entleiher verursacht, haftet der Verleiher nicht. Die Hauptleistungspflicht des Verleihers liegt allein in der ordnungsgemäßen Auswahl der zu überlassenden Zeitarbeitnehmer für die vorgesehene vertragliche Tätigkeit gemäß §2 dieses Vertrags. Die überlassenen Zeitarbeitnehmer sind insoweit keine Erfüllungsgehilfen oder Bevollmächtigten des Verleihers.

Der Entleiher stellt den Verleiher von Ansprüchen frei, die von Dritten im Zusammenhang mit der Ausführung der vom Zeitarbeitnehmer durchgeführten Arbeiten im Sinne von §2 geltend gemacht werden sollten.

§10 Arbeitsschutz

Gemäß §11 Abs. 6 AÜG unterliegt die Tätigkeit des Arbeitnehmers den für den Betrieb des Entleihers geltenden öffentlich-rechtlichen Vorschriften des Arbeitsschutzgesetzes.

Für die vorgesehene Tätigkeit nach §2 dieses Vertrags sind folgende persönliche Schutzausrichtungen erforderlich:

...

...

...

Einrichtungen und Maßnahmen der Ersten Hilfe werden vom Entleiher sichergestellt.

Für die in §2 genannten Tätigkeiten sind arbeitsmedizinische Vorsorgeuntersuchungen nicht erforderlich.

[oder:]

Für die in §2 genannten Tätigkeiten sind arbeitsmedizinische Vorsorgeuntersuchungen erforderlich. Der Verleiher legt dem Entleiher vor Aufnahme der Tätigkeit ärztliche Bescheinigungen über folgende Vorsorgeuntersuchungen vor:

...

...

...

Der Entleiher wird den Zeitarbeitnehmer vor Aufnahme der Tätigkeit bei ihm und bei Veränderungen in seinem Arbeitsbereich über die Gefahren für Sicherheit und Gesundheit, denen er bei der Tätigkeit ausgesetzt sein könnte, sowie über die Maßnahmen und Einrichtungen zur Abwendungen dieser Gefahren unterrichten. Zusätzlich wird er den Arbeitnehmer über eine etwaige Notwendigkeit besonderer Qualifikationen oder besondere Gefahren des Arbeitsplatzes unterrichten.

Der Entleiher verpflichtet sich, die Zeitarbeitnehmer so einzusetzen und zu schützen, dass arbeitsbedingte Erkrankungen möglichst vermieden werden.

Den Arbeits- und Gesundheitsschutz betreffende Kontrollen am Ort der Tätigkeit werden vom Entleiher durch die Fachkraft für Arbeitssicherheit, den Betriebsarzt bzw. dessen Vertreter regelmäßig durchgeführt.

Im Falle eines Arbeitsunfalls hat der Entleiher den Verleiher unverzüglich zu benachrichtigen. Neben dem Verleiher ist auch der Entleiher nach § 193 Abs. 1 SGB VII zur Anzeige des Unfalls unmittelbar an die zuständige Berufsgenossenschaft verpflichtet.

§ 11 Arbeitskampf

- Im Falle eines Arbeitskampfes im Betrieb des Entleihers besteht keine Verpflichtung des Verleihers, Zeitarbeitnehmer zur Verfügung zu stellen.
- Zugleich kann der Entleiher verlangen, dass die Arbeiten ruhen. Der Verleiher kann hieraus keine irgendwie gearteten Ansprüche gegen den Entleiher herleiten.

§ 12 Kündigungsfrist

- Der Vertrag ist jederzeit kündbar.
- Die Kündigungsfrist beträgt für beide Vertragspartner ____ Tage zum Wochenschluss.

[oder:]

- Die Kündigungsfrist beträgt für beide Vertragspartner ____ Tage zum Monatsende.

Die Kündigung bedarf zu ihrer Gültigkeit der Schriftform.

§ 13 Nebenabreden / Schriftformerfordernis

Nebenabreden sind nicht getroffen. Änderungen und Ergänzungen des Vertrags sind nur gültig, wenn sie schriftlich erfolgen. Dies gilt auch für die Aufhebung des Schriftformerfordernisses. Die etwaige Unwirksamkeit einzelner Vertragsbestimmungen berührt die Wirksamkeit der übrigen Bestimmungen nicht,

Als Gerichtsstand für Ansprüche aus dieser Vereinbarung oder im Zusammenhang mit dieser wird ____ vereinbart.

_____   _____

Ort, Datum   Ort, Datum

_____   _____

(Unterschrift Entleiher)   (Unterschrift Verleiher)

11.3   Muster 3: Werkvertrag

Werkvertrag
zwischen

X-GmbH _____

[im Folgenden Werkgeber genannt]

und

Y-GmbH _____

[im Folgenden Werknehmer genannt]

§1 Vertragsgegenstand
Der Werknehmer verpflichtet sich, in dem Betrieb _____ / dem Werk
_____ des Werkgebers folgende Tätigkeiten durchzuführen:
- Wartungsarbeiten an den Maschinen …
- Instandhaltungsarbeiten an den Maschinen …
- Reinigungsarbeiten an den Maschinen …
- …

Der Werkgeber hat dem Werknehmer die entsprechenden Wartungs-, Instandhaltungs- und Reinigungspläne des Herstellers der Maschinen in Kopie übergeben.

Der Werknehmer wird diese Arbeiten regelmäßig in folgenden Zeiträumen vornehmen: _____

Nach Abschluss der jeweiligen Tätigkeiten informiert der Werknehmer die Abteilung _____ im Hause des Werkgebers. Es wird dann ein entsprechendes Abnahme- und Durchführungsprotokoll erstellt werden.

§2 Vergütung
Die Vergütung für die in §1 beschriebenen Leistungen beträgt pro Einsatz und Maschine EUR ____ zzgl. der gesetzlichen Mehrwertsteuer in Höhe von derzeit 19%.

Die Vergütung ist jeweils fällig innerhalb von 30 Tagen nach Erledigung der Arbeiten, der Durchführung der ordnungsgemäßen Abnahme und Stellung der Rechnung.

§3 Gewährleistung

Der Werknehmer haftet dafür, dass die Arbeiten entsprechend den Vorgaben des Herstellers der Maschinen ordnungsgemäß durchgeführt werden.

Zur Beseitigung von Fehlern oder Mängeln wird dem Werknehmer eine Nachfrist von einer Woche gesetzt. Danach wird der Werkgeber eine Drittfirma mit der Durchführung der Aufgaben betrauen.

§4 Personaleinsatz

Der Werknehmer ist allein verantwortlich für die Einteilung seines Personals in zeitlicher und in fachlicher Hinsicht. Der Werknehmer benennt dem Werkgeber einen von ihm ausgewählten Ansprechpartner für die Zeiten während des Arbeitseinsatzes.

In den Bereichen _____ des Werkgebers sind folgende Schutzmaßnahmen einzuhalten:

- In Bereich … ist Schutzhelm zu tragen.
- In Bereich … ist eine Schutzbrille zu tragen.
- In Bereich … ist Gehörschutz zu tragen.

Die Schutzmaßnahmen werden vom Werknehmer eingehalten und gestellt.

§5 Beginn und Dauer des Vertragsverhältnisses

Beginn der Arbeiten ist der ____ Die Arbeiten müssen spätestens am ____ beendet sein.

Wird die Frist nicht eingehalten, ist der Werkgeber berechtigt, ohne weitere Mahnung oder Aufforderung eine Drittfirma mit der Fertigstellung zu beauftragen.

[oder:]

Dieser Vertrag tritt mit dem ____ [Datum] in Kraft und ist unbefristet. Er kann mit einer Frist von ____ Tagen von beiden Vertragsparteien gekündigt werden. Die Kündigung bedarf der Schriftform.

§6 Nebenabreden / Schriftformerfordernis

Nebenabreden sind nicht getroffen. Änderungen und Ergänzungen des Vertrags sind nur gültig, wenn sie schriftlich erfolgen. Dies gilt auch für die Aufhebung des Schriftformerfordernisses. Die etwaige Unwirksamkeit einzelner Vertragsbestimmungen berührt die Wirksamkeit der übrigen Bestimmungen nicht,

Als Gerichtsstand für Ansprüche aus dieser Vereinbarung oder im Zusammenhang mit dieser wird _____ vereinbart.

_____   _____

Ort, Datum   Ort, Datum

_____   _____

(Unterschrift Werkgeber)   (Unterschrift Werknehmer)

11.4 Muster 4: Diplomandenvertrag

Diplomandenvertrag
zwischen

[im Folgenden Firma genannt]

und

Frau/Herrn _____

[im Folgenden Diplomand genannt]

Präambel
Im Rahmen seines Studiums erstellt der Diplomand eine Diplomarbeit über das Thema _____ in der Zeit vom _____ bis _____ Die Betreuung seitens der Hochschule / Universität übernimmt Frau/Herr _____ von der Fakultät/dem Fachbereich _____der Hochschule / Universität _____

§1
Die Firma erklärt sich bereit, dem Diplomanden während dieser Zeit die hierzu erforderlichen Einrichtungen und Unterlagen – soweit vorhanden – zur Verfügung zu stellen. Die Entscheidung über Umfang und Form, in der dies geschieht, liegt bei Herrn/Frau _____ in der Abteilung, der/die den Diplomanden seitens der Firma betreut und als Ansprechpartner(in) zur Verfügung steht.

§ 2

Der Diplomand verpflichtet sich, der Firma nach Abschluss seiner Arbeit ein Exemplar in der von der Hochschule angenommenen Fassung zur Verfügung zu stellen.

Dafür gewährt die Firma dem Diplomanden einen Einmalbetrag in Höhe von EUR ____, der in zwei Raten zur Auszahlung kommt.

§ 3

Die Versteuerung und Verbeitragung bei den Sozialversicherungträgern aller Zahlungen der Firma hat der Diplomand gegebenenfalls selbst vorzunehmen.

§ 4

Ein Anstellungs- und Arbeitsverhältnis wird durch die Vereinbarung nicht begründet; daher wird der Diplomand von der Firma nicht zur Sozialversicherung (Kranken-, Pflege-, Renten-, Arbeitslosenversicherung) angemeldet. Nach Auffassung des Verbandes Deutscher Rentenversicherungträger hat die Anfertigung einer Diplomarbeit im Betrieb weder Versicherungspflicht in der Kranken-, Pflege- und Arbeitslosenversicherung noch Rentenversicherungspflicht zur Folge.

§ 5

Der Diplomand wird alle durch die Firma erhaltenen Informationen technischer und geschäftlicher Art und die Ergebnisse Dritten gegenüber geheim halten, und zwar auch über die Dauer dieser Vereinbarung hinaus, solange und soweit diese Informationen und Ergebnisse nicht auf andere Weise allgemein bekannt geworden sind oder die Firma schriftlich auf die Geheimhaltung verzichtet hat.

Soweit erforderlich und von der betreuenden Fachabteilung ausdrücklich gewünscht, wird der Diplomand darauf hinwirken, dass seine Arbeit nur einem eingeschränkten Personenkreis an der Hochschule zugänglich gemacht wird.

§ 6

Sämtliche Rechte an und aus allen von dem Diplomanden allein oder zusammen mit anderen im Rahmen dieser vertraglichen Beziehung erstellten Computerprogrammen, Dokumentationen und sonstigen Unterlagen und Ergebnissen stehen der Firma zur ausschließlichen, zeitlichen und räumlich unbegrenzten Nutzung zu.

Dem Diplomanden ist insbesondere auch die Übertragung der Nutzungsrechte, die Überwachung auf Bild-, Ton- und Datenträger, die Vervielfältigung und die Verbreitung, die Veröffentlichung, die Veränderungen und/oder Bearbeitung sowie Umgestaltung der erstellten Programme, Dokumentationen und sonstigen Unterlagen nicht gestattet.

Der Diplomand kann eine Kopie der von ihm erstellten Programme, Dokumentationen und sonstigen Unterlagen nicht verlangen. Eventuell erstellte Kopien sind der Firma jederzeit auf Verlangen, spätestens unaufgefordert bei Beendigung der vertraglichen Beziehung, herauszugeben.

Eine gesonderte Nutzungsentschädigung wird nicht geschuldet; sie ist mit der vereinbarten Einmalzahlung abgegolten.

Die vorstehenden Regelungen umfassen auch solche von dem Diplomanden entwickelten Computerprogramme und Unterlagen, die, ohne Gegenstand einer unmittelbaren Aufgabenstellung des Auftraggebers zu sein, mit dem Arbeitsgebiet der Firma zusammenhängen und/oder mit Materialien der Firma unterstützt worden sind.

§7
Soweit der Diplomand zur Lösung der Aufgabenstellung Dritte hinzuziehen, die nicht dem Unternehmen angehören, muss er dafür Sorge tragen, dass hierbei die Ziele der vorstehenden Regelung hinsichtlich der Nutzungsrechte der Firma an solcher Art entstehenden Computerprogrammen und Unterlagen uneingeschränkt gewährleistet bleiben; bei Zweifelsfragen ist der betriebliche Ansprechpartner einzuschalten.

§8
Der Diplomand unterrichtet den Betreuer/die Betreuerin seitens der Hochschule über die vorliegende Vereinbarung.

Das Einverständnis des Betreuers/der Betreuerin wird durch Mitunterzeichnung dieser Vereinbarung bestätigt.

§9
Sollte eine Bestimmung dieser Vereinbarung unwirksam sein, gilt die Vereinbarung im Übrigen. Die Vertragsparteien werden sich in diesem Fall um eine Regelung bemühen, die den beiderseitigen Interessen in angemessener Weise Rechnung trägt.

---------------------------   ---------------------------

Ort, Datum   Ort, Datum

---------------------------   ---------------------------

(Unterschrift Firma)   (Unterschrift Diplomand)

_____

Ort, Datum

_____

(Unterschrift Betreuer der Hochschule)

11.5   Muster 5: Befristeter Arbeitsvertrag

Befristeter Arbeitsvertrag
zwischen

[im Folgenden Arbeitgeber genannt]

und

Frau/Herrn _____

[im Folgenden Arbeitnehmer genannt]

§1 Beginn und Art der Tätigkeit
Der Arbeitnehmer wird als

_____ für den Bereich

_____ im Betrieb

_____tätig.

Das Arbeitsverhältnis beginnt am ____ und endet am ____, ohne dass es einer Kündigung bedarf.

Dauert bei Einsatz im Schichtbetrieb die Schicht bis in den nächsten Tag hinein, endet das Arbeitsverhältnis mit dem Ende dieser Schicht.

[oder:]

Das Arbeitsverhältnis beginnt am ____ und endet am ____, ohne dass es einer Kündigung bedarf.

Dauert bei Einsatz im Schichtbetrieb die Schicht bis in den nächsten Tag hinein, endet das Arbeitsverhältnis mit dem Ende dieser Schicht.

Der Arbeitsvertrag wird befristet, weil _____

_____

[oder:]

Das Arbeitsverhältnis beginnt am ____ und endet am ____, ohne dass es einer Kündigung bedarf.

Dauert bei Einsatz im Schichtbetrieb die Schicht bis in den nächsten Tag hinein, endet das Arbeitsverhältnis mit dem Ende dieser Schicht.

Der Arbeitsvertrag wird gem. § 14 Abs. 2 des Teilzeit- und Befristungsgesetzes befristet.

Der Arbeitnehmer versichert, bisher nie in einem Arbeitsverhältnis mit der Firma gestanden zu haben.

[oder:]

Das Arbeitsverhältnis wird zu dem Zweck begründet, _____

_____

_____

_____

Es beginnt am ____ und endet, ohne dass es einer Kündigung bedarf, mit Erreichen dieses Zwecks nach § 15 Abs. 2 des Teilzeit- und Befristungsgesetzes frühestens jedoch zwei Wochen nach Zugang der schriftlichen Unterrichtung des Arbeitnehmers durch die Firma über den Zeitpunkt der Zweckerreichung – ohne eine solche Mitteilung spätestens am ____

Dem Arbeitnehmer können, ohne dass es einer Änderungskündigung bedarf, andere zumutbare Tätigkeiten, gegebenenfalls auch in einer anderen Betriebsstätte des Arbeitgebers übertragen werden.

Der Arbeitnehmer kann an einen anderen zumutbaren Arbeitsplatz versetzt werden.

Der Arbeitnehmer kann auch außerhalb des Betriebes, z.B. auf Montagestellen, Messen usw. – auch im Ausland – beschäftigt werden.

§2 Arbeitszeit

Die Dauer der Arbeitszeit entspricht der tarifvertraglichen regelmäßigen wöchentlichen Arbeitszeit. Sie beträgt derzeit ohne Pausen _____ Stunden.

[oder:]

Die Dauer der Arbeitszeit beträgt entsprechend den betrieblichen Regelungen ohne Pausen _____ Stunden.

Lage und Verteilung der Arbeitszeit richten sich nach den jeweiligen betrieblichen Bestimmungen.

Der Arbeitnehmer ist zu Spät- und Nachtarbeit, einschließlich Arbeit in Wechselschicht, sowie Sonn- und Feiertagsarbeit verpflichtet.

Der Arbeitnehmer ist zur Verrichtung von Mehrarbeit im Rahmen der gesetzlichen und tariflichen Bestimmungen verpflichtet.

Der Arbeitgeber ist berechtigt, im Rahmen der gesetzlichen, tariflichen und betrieblichen Bestimmungen bei einem Arbeitsausfall aus wirtschaftlichen Gründen oder infolge eines unabwendbaren Ereignisses oder von Strukturveränderungen Kurzarbeit anzuordnen.

Der Arbeitgeber ist ferner berechtigt, nach Maßgabe anderer gesetzlicher, tarifvertraglicher oder betrieblicher Bestimmungen eine vorübergehende Absenkung der Arbeitszeit anzuordnen.

In den beiden vorgenannten Fällen vermindern sich Arbeitszeit und Arbeitsentgelt des Arbeitnehmers entsprechend.

§3 Vergütung

Der Arbeitnehmer erhält eine monatliche Vergütung in Höhe von _____ EUR.

[oder:]

Die Höhe der Vergütung richtet sich nach der für die ausgeübte Tätigkeit geltenden Entgeltgruppe. Dies ist derzeit die Entgeltgruppe ____

Die monatliche Vergütung setzt sich für die vereinbarte Wochenstundenzahl demnach derzeit wie folgt zusammen:

Grundentgelt:	_____ EUR
Leistungsentgelt:	_____ EUR
Freiwillige übertarifliche Zulage:	_____ EUR
Bruttomonatsentgelt:	_____ EUR

Der Arbeitnehmer hat die Entgeltabrechnung und die Entgeltzahlung unverzüglich zu überprüfen sowie zu viel gezahlte Bezüge anzuzeigen und zurückzuzahlen.

Er kann sich auf den Einwand der Entreicherung nicht berufen, wenn er die Überzahlung erkannt hat oder hätte erkennen müssen oder wenn die Überzahlung auf Umständen beruht, die er zu vertreten hat.

Die Entgelte sind jeweils zu den betrieblich festgelegten Zeiten fällig.

§ 4 Widerrufbarkeit, Anrechenbarkeit und Freiwilligkeit bestimmter Verdienstbestandteile

Die freiwillige Zulage und etwaig weitere Verdienstbestandteile, die zusätzlich zum monatlich laufenden Entgelt gewährt werden, können bei Vorliegen eines sachlichen Grundes (z.B. wirtschaftliche Gründe, Gründe im Verhalten oder der Person des Arbeitnehmers) jederzeit widerrufen werden.

Auf diese Leistungen sind ferner Entgelterhöhungen ganz oder teilweise anrechenbar. Bei rückwirkenden Entgelterhöhungen kann die Anrechnung auch rückwirkend erfolgen.

Auf freiwillige Verdienstbestandteile, die dem Arbeitnehmer aus einem bestimmten Grund, z.B. wegen besonderer Arbeitsbedingungen, gewährt werden, hat der Arbeitnehmer keinen Anspruch mehr, wenn der Grund für die Gewährung dieser Verdienstbestandteile entfällt.

Bei nicht geschuldeten Gratifikationen, Prämien und anderen Einmalzahlungen des Arbeitgebers, die nicht Bestandteil des laufenden monatlichen Arbeitsentgelts sind, handelt es sich um freiwillige Leistungen des Arbeitgebers, auf die auch bei wiederholter Gewährung kein Rechtsanspruch für die Zukunft besteht.

Bei betrieblichen Sonderleistungen des Arbeitgebers oder sonstigen Vergünstigungen, die aus sozialen Gründen gewährt werden, handelt es sich ebenfalls um freiwillige Leistungen, auf die auch bei wiederholter Gewährung kein Rechtsanspruch für die Zukunft besteht.

§5 Urlaub
Der Arbeitnehmer erhält den gesetzlichen Urlaubsanspruch in Höhe von 20 Arbeitstagen bei der 5-Tage Woche. Darüber hinaus erhält der Arbeitnehmer einen zusätzlichen vertraglichen Anspruch in Höhe von weiteren ____ Tagen pro Kalenderjahr bei einer 5-Tage-Woche.

Zunächst wird der gesetzliche Anspruch und dann der vertragliche Anspruch gewährt. Eine Abgeltung des vertraglichen Urlaubsanspruches ist ausgeschlossen. Der vertragliche Urlaubsanspruch reduziert sich bei unterjähriger Beendigung des Arbeitsverhältnisses um 1/12 pro Kalendermonat, wenn der Mitarbeiter vor Ende des Kalenderjahres ausscheidet.

§6 Probezeit
Die Probezeit beträgt sechs Monate.

Für eine Kündigung während der Probezeit gilt eine Frist von zwei Wochen.

§7 Beendigung und Ruhen des Arbeitsverhältnisses
Das Arbeitsverhältnis kann während des Laufs der Befristung von beiden Seiten ordentlich gekündigt werden.

Es gelten die gesetzlichen Kündigungsfristen.

Eine ordentliche Kündigung vor Dienstantritt ist ausgeschlossen.

Der Arbeitgeber ist berechtigt, den Arbeitnehmer ab Ausspruch der Kündigung bis zum Ablauf der Kündigungsfrist und gegebenenfalls bis zum rechtskräftigen Abschluss eines etwaigen Rechtsstreits über die Wirksamkeit der Kündigung ganz oder teilweise widerruflich oder unwiderruflich von der Arbeit freizustellen.

Das Arbeitsverhältnis endet ebenfalls ohne Kündigung mit Ablauf des Monats, in dem dem Arbeitnehmer der Bescheid eines Rentenversicherungsträgers über eine unbefristete Rente wegen vollständiger Erwerbsminderung zugeht und eine Weiterbeschäftigung des Arbeitnehmers, gegebenenfalls auf einem anderen geeigneten freien Arbeitsplatz und/oder mit verringerter Arbeitszeit nicht möglich ist.

Das Arbeitsverhältnis ruht während des Bezugs von Arbeitslosengeld sowie ab dem Zeitpunkt, in dem dem Arbeitnehmer der Bescheid eines Rentenversicherungsträgers über eine Rente auf Zeit wegen vollständiger Erwerbsminderung zugeht und eine Weiterbeschäftigung des Beschäftigten, gegebenenfalls auf einem anderen geeigneten freien Arbeitsplatz und/oder mit verringerter Arbeitszeit nicht möglich ist.

Der Arbeitnehmer hat den Arbeitgeber unverzüglich über den Zugang eines Rentenbescheids oder den Bezug von Arbeitslosengeld zu unterrichten.

§8 Arbeitsverhinderung, Arbeitsunfähigkeit
Jede Arbeitsverhinderung ist, sobald sie dem Arbeitnehmer bekannt ist, dem Arbeitgeber unter Angabe der Gründe und der voraussichtlichen Dauer sowie gegebenenfalls der Adresse eines vom Wohnsitz abweichenden Aufenthaltsortes unverzüglich mitzuteilen. Gleiches gilt, wenn sich die Arbeitsverhinderung verlängert.

Im Falle der Arbeitsunfähigkeit hat der Arbeitnehmer außerdem auch die hierfür geltenden besonderen gesetzlichen Mitteilungs- und Nachweispflichten zu erfüllen.

Solange der Arbeitnehmer seinen Mitteilungs- und Nachweispflichten nicht nachkommt, ist der Arbeitgeber unter den Voraussetzungen des § 7 Abs. 2 EFZG berechtigt, die Fortzahlung des Arbeitsentgeltes zu verweigern.

§9 Ärztliche Untersuchung
Der Arbeitnehmer ist verpflichtet, sich auf Verlangen des Arbeitgebers einer ärztlichen Untersuchung zu unterziehen, wenn Zweifel an der gesundheitlichen Eignung des Arbeitnehmers für die ihm obliegenden Tätigkeiten bestehen.

Der Arbeitgeber trägt die Kosten dieser Untersuchung, wenn diese nicht von einem Dritten übernommen werden.

Der Arbeitgeber ist berechtigt, die Untersuchung durch einen Arbeitsmediziner zu verlangen.

Der Arbeitnehmer ist verpflichtet, den Arbeitgeber über die Ergebnisse der Untersuchung zu unterrichten, soweit sie die Frage der gesundheitlichen Eignung des Arbeitnehmers für die ihm obliegenden Tätigkeiten betreffen. Auf Verlangen des Arbeitgebers ist der Arbeitnehmer weiterhin verpflichtet, den behandelnden Arzt insoweit von der Schweigepflicht zu entbinden, als es um die Frage der gesundheitlichen Eignung des Arbeitnehmers für die ihm obliegenden Tätigkeiten geht.

Die oben genannten Verpflichtungen des Arbeitnehmers bestehen auch dann, wenn der Arbeitgeber, insbesondere wegen der Art der dem Arbeitnehmer obliegenden Tätigkeiten, ein berechtigtes Interesse an einer ärztlichen Untersuchung hat. Der Arbeitnehmer ist in diesem Fall verpflichtet, den Arbeitgeber über die Untersuchungsergebnisse zu unterrichten und den behandelnden Arzt von der Schweigepflicht zu entbinden, soweit der Arbeitgeber ein berechtigtes Interesse an der entsprechenden Information hat.

Der Arbeitgeber ist ferner berechtigt, eine ärztliche Begutachtung auf eine mögliche Drogen- oder Alkoholabhängigkeit des Arbeitnehmers zu verlangen, wenn ernsthafte Hinweise auf eine Drogen- oder Alkoholabhängigkeit des Arbeitnehmers bestehen.

§10 Verschwiegenheits- und Herausgabepflichten

Der Arbeitnehmer hat über die ihm zur Kenntnis gelangenden Angelegenheiten des Arbeitgebers Stillschweigen zu bewahren, soweit es sich um Betriebs- und Geschäftsgeheimnisse handelt. Dies gilt auch für solche Tatsachen, die der Arbeitgeber als vertraulich bezeichnet oder bei denen aus den Umständen ersichtlich ist, dass sie gegenüber Dritten nicht offenbart werden dürfen.

Die Verschwiegenheitspflicht erstreckt sich auch auf die in Absatz 1 bezeichneten Angelegenheiten anderer Unternehmen, mit denen der Arbeitgeber rechtlich, organisatorisch oder wirtschaftlich verbunden ist oder mit denen er in geschäftlichem Kontakt steht.

Die Verschwiegenheitspflicht umfasst auch den Inhalt dieses Vertrags, soweit der Arbeitnehmer nicht aufgrund gesetzlicher Vorschriften zu entsprechenden Angaben verpflichtet ist.

Die Verschwiegenheitspflicht des Arbeitnehmers über die in Absatz 1 bis 3 bezeichneten Umstände besteht – unbeschadet weitergehender gesetzlicher

Vorschriften – auch nach Beendigung des Arbeitsverhältnisses fort; der Arbeitnehmer darf die geheim zu haltenden Tatsachen nicht durch Weitergabe an Dritte verwerten.

Der Arbeitnehmer ist verpflichtet, alle seine dienstliche Tätigkeit betreffenden Schriftstücke, Informationsträger und sonstige Unterlagen, auch soweit es sich um persönliche Aufzeichnungen, die Geschäftsvorgänge betreffen, handelt, als ihm anvertrautes Eigentum des Arbeitgebers sorgfältig zu behandeln und aufzubewahren und sie die Firma auf deren Verlangen jederzeit, spätestens aber bei Beendigung des Arbeitsverhältnisses zurückzugeben.

Das gilt auch für Abschriften, Vervielfältigungen, gespeicherte Daten und Gegenstände.

Auf Verlangen des Arbeitgebers ist der Arbeitnehmer verpflichtet, zu versichern, dass er solche Unterlagen, sei es im Original oder in Kopie, nicht mehr besitzt und auch nicht an Dritte weitergegeben hat.

§11 Rechte an Arbeitsergebnissen, Erfindungen

Alle Arbeitsergebnisse stehen dem Arbeitgeber zu. Dies gilt unabhängig davon, ob sie von dem Arbeitnehmer allein oder zusammen mit anderen Beschäftigten erarbeitet wurden. Gleiches gilt für Ergebnisse, die zwar nicht auf einen unmittelbaren Arbeitsauftrag zurückzuführen sind, aber mit dem Tätigkeitsbereich des Arbeitnehmers zusammenhängen.

Soweit der Arbeitnehmer Urheberrechte oder andere nicht übertragbare Schutzrechte an Arbeitsergebnissen erwirbt, wird dem Arbeitgeber hinsichtlich aller Nutzungsarten das ausschließliche Nutzungsrecht ohne räumliche, zeitliche oder inhaltliche Beschränkung eingeräumt.

Dies schließt die Befugnis des Arbeitgebers ein, ohne gesonderte Zustimmung für jeden Einzelfall Nutzungsrechte ganz oder teilweise auf andere zu übertragen oder andere Nutzungsrechte einzuräumen. Ansprüche des Arbeitnehmers für die Übertragung dieser Rechte auf den Arbeitgeber sind durch das Gehalt abgegolten.

Der Arbeitnehmer hat während der Dauer des Arbeitsverhältnisses gemachte Erfindungen – auch nicht dienstlicher Art – dem Arbeitgeber unverzüglich schriftlich mitzuteilen. Im Übrigen gelten die gesetzlichen Bestimmungen über Arbeitnehmererfindungen

§12 Nebentätigkeit

Solange das Arbeitsverhältnis besteht, ist jede Wettbewerbstätigkeit untersagt. Im Übrigen dürfen Nebentätigkeiten nur mit vorheriger schriftlicher Zustimmung der Firma ausgeübt werden. Der Arbeitgeber kann die Zustimmung verweigern, wenn durch die Nebentätigkeit die vertraglich geschuldeten Leistungen des Arbeitnehmers oder sonstige Interessen des Arbeitgebers beeinträchtigt werden können.

§13 Abtretung und Verpfändung

Die Abtretung oder Verpfändung von Gehaltsansprüchen an Dritte ist dem Arbeitnehmer nicht gestattet.

Der Arbeitnehmer hat die durch Pfändung, Verpfändung oder Abtretung des Arbeitgebers entstehenden Bearbeitungskosten in der von dem Arbeitgeber nachgewiesenen Höhe oder ohne einen solchen Nachweis durch eine Pauschale in Höhe von EUR ____ für jeden einzelnen Bearbeitungsvorgang zu erstatten.

§14 Vertragsstrafe

Der Arbeitnehmer ist verpflichtet, dem Arbeitgeber eine Vertragsstrafe zu zahlen, wenn er schuldhaft die Arbeit nicht oder nicht zum vereinbarten Zeitpunkt antritt oder wenn er ohne Grund fristlos kündigt. Der Arbeitnehmer ist auch dann zur Zahlung einer Vertragsstrafe verpflichtet, wenn er durch schuldhaftes vertragswidriges Verhalten, insbesondere durch Eigentums- und Vermögensdelikte sowie Tätlichkeiten, schutzwürdige Interessen des Arbeitgebers verletzt und den Arbeitgeber zur fristlosen Kündigung veranlasst.

Die Höhe der Vertragsstrafe bemisst sich nach der Höhe des Bruttoentgelts, das bei Einhaltung der ordentlichen Kündigungsfrist gezahlt worden wäre; die Vertragsstrafe beträgt aber höchstens ein durchschnittliches Bruttomonatsentgelt.

Die Vertragsstrafe ist sofort fällig und kann gegen Gehaltsforderungen, soweit sie pfändbar sind, aufgerechnet werden.

§15 Geltung von Betriebsvereinbarungen

Es finden die jeweils gültigen Betriebsvereinbarungen Anwendung, soweit der Arbeitnehmer unter den persönlichen Geltungsbereich fällt und im Einzelfall nicht ausdrücklich etwas anderes zwischen dem Arbeitgeber und dem Arbeitnehmer vereinbart worden ist.

Die Texte können im zuständigen Personalbüro und am Schwarzen Brett eingesehen werden.

Die Rechte aus diesem Vertrag oder anderen einzelvertraglichen Absprachen (z. B. aus betrieblicher Einheitsregelung bzw. Gesamtzusage oder betrieblicher Übung) können durch Betriebsvereinbarung abgelöst oder geändert werden.

§ 16 Ausschlussfristen

Ansprüche aus dem Arbeitsverhältnis sind innerhalb von drei Monaten nach Entstehung schriftlich der jeweils anderen Seite gegenüber geltend zu machen.

§ 17 Einstellungsvorbehalt

Der Arbeitsvertrag wird vorbehaltlich der betriebsärztlich festzustellenden gesundheitlichen Eignung sowie der Zustimmung des Betriebsrats zur Einstellung abgeschlossen.

§ 18 Vertragsänderungen

Änderungen und Ergänzungen dieses Vertrags bedürfen, um rechtsverbindlich zu sein, der Schriftform. Dies gilt auch für die Aufhebung dieses Schriftformerfordernisses.

Mündliche Nebenabreden sind nicht getroffen worden.

§ 19 Teilunwirksamkeit

Sollten einzelne Bestimmungen dieses Vertrags unwirksam sein, wird hierdurch die Wirksamkeit des übrigen Vertrags nicht berührt.

_____   _____

Ort, Datum   Ort, Datum

_____   _____

(Unterschrift Arbeitgeber)   (Unterschrift Arbeitnehmer)

11.6 Muster 6: Nachvertragliches Wettbewerbsverbot

Nachvertragliches Wettbewerbsverbot
Vereinbarung zwischen

_____

[im Folgenden Arbeitgeber genannt]

und Frau/Herrn _____

[im Folgenden Arbeitnehmer genannt

§1 Wettbewerbsverbot
Der Arbeitnehmer verpflichtet sich, für die Dauer von zwei Jahren nach Beendigung des Arbeitsverhältnisses weder ein Arbeitsverhältnis zu einem mit dem Arbeitgeber in Wettbewerb stehenden Unternehmen zu begründen noch ein Wettbewerbsunternehmen zu errichten oder sich an einem solchen zu beteiligen.

§2 Räumliche Geltung
Das Wettbewerbsverbot erstreckt sich räumlich auf das Gebiet:

_____

_____

§3 Karenzentschädigung
Der Arbeitgeber verpflichtet sich, dem Arbeitnehmer für die Dauer des Wettbewerbsverbots eine jeweils am Monatsende fällige Entschädigung in Höhe der Hälfte der von dem Arbeitnehmer zuletzt bezogenen vertragsmäßigen Leistungen zu zahlen.

§4 Auskunftspflicht des Arbeitnehmers
Der Arbeitnehmer verpflichtet sich, während der Dauer des Wettbewerbsverbots auf Verlangen Auskunft über die Höhe seiner Bezüge zu geben und die Anschrift seines jeweiligen Arbeitgebers mitzuteilen. Ferner ist er am Schluss eines Kalenderjahres verpflichtet, seine Lohnsteuerkarte vorzulegen.

§5 Vertragsstrafe
Der Arbeitnehmer hat für jeden Fall der Zuwiderhandlung gegen das Wettbewerbsverbot eine Vertragsstrafe von EUR ____ zu zahlen.

Im Fall eines Dauerverstoßes (Tätigkeit für ein Konkurrenzunternehmen von länger als 1 Monat) ist die Vertragsstrafe für jeden angefangenen Monat neu verwirkt.

§6 Schadenersatz
Der Arbeitgeber ist berechtigt, gegenüber dem Arbeitnehmer nach §340 Abs. 2 BGB einen weitergehenden Schaden geltend zu machen.

§7 Sonstiges
Der Arbeitnehmer erklärt, ein rechtsverbindlich unterzeichnetes Exemplar dieser Vereinbarung erhalten zu haben.

-----------------------   -----------------------

Ort, Datum   Ort, Datum

-----------------------   -----------------------

(Unterschrift Arbeitgeber)   (Unterschrift Arbeitnehmer)

Stichwortverzeichnis

Exklusiv für Buchkäufer!

Ihre Arbeitshilfen zum Download:

▶ http://mybook.haufe.de/

▶ Buchcode: ZDD-3255

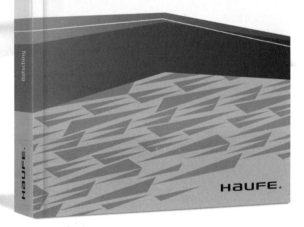